2011西藏文化传承发展协同创新中心系列

西藏文化传承发展省部共建协同创新中心

藏秦讲堂 2016

主　　编　刘　凯
副 主 编　陈敦山
执行编辑　张传庆　王　新

中国藏学出版社

目　录

前　言

西藏文化传承发展协同创新中心是在国家推进实施“高等学校创新能力提升计划”（简称“2011 计划”）过程中，在西藏自治区党委、政府和西藏自治区教育工委、教育厅的大力支持下，以西藏民族大学作为依托单位，牵头与南京大学、西藏自治区社科院、中国人民大学、中国藏学研究中心、中山大学（以拼音为序）协同组建的科研实体，是西藏自治区级“2011 协同创新计划”重点培育和建设项目。2011 协同创新中心坚持以“政府主导、区域急需、创新引领、影响突出”为宗旨，以“立足西藏、创新机制、协同合作、服务社会”为基本思路，紧紧围绕西藏创新发展的重大需求，以西藏重大创新任务为牵引，抓住西藏经济社会发展急需解决的重大现实问题，为西藏自治区党委、政府和有关部门提供智力支持和咨询服务，为西藏长足发展和长治久安服务。

2015 年 11 月 28 日，由西藏民族大学、光明日报社、中国藏学研究中心联合主办，2011 西藏文化传承发展协同创新中心承办的主旨为“丝绸之路与唐蕃古道”的首届“藏秦·喜马拉雅”论坛在西藏民族大学举行。来自中国社会科学院、光明日报社、中国藏学研究中心、中国国际问题研究基金会战略研究中心、中国改革开放论坛战略研究中心、中国国际经济交流中心等机构和科研院所，清华大学、中国人民大学、复旦大学、浙江大学、中山大学、武汉大学、四川大学、厦门大学、东南大学、兰州大学、中央民族大学以及西藏民族大学等高校近百名专家学者汇聚陕西咸阳，共商“一带一路”战略背景下的西藏发展大计，为服务西藏经济社会发展和长治久安建言献策。

本届论坛引起学界和社会广泛关注，《光明日报》《人民日报（海外版）》等媒体发布了首届“藏秦·喜马拉雅”论坛召开的信息，凤凰网、网易、搜狐、中国社会科学网等媒体纷纷转载。

为延续首届“藏秦·喜马拉雅论坛”的影响力，打造西藏文化传承发展和学术交流活动的品牌，2011 协同创新中心于 2016 年开始举办“藏秦讲堂”系列学术活动，邀请国内外知名专家学者重点围绕西藏经济社会发展的重大现实问题开坛讲学，交流最新研究成果。先后邀请了中央民族大学金炳镐教授、中国人民大学郑保卫教授、清华大学李希光教授、西藏自治区党校牛治富教授、中国藏学研究中心陈庆英研究员、四川大学孙勇教授、中国藏学研究中心周炜研究员、中山大学周大鸣教授、上海国际问题研究院王德华研究员、北京大学姜景奎教授、武汉大学邓胜利教授等学者来校讲学。为了加强学术交流，扩大研究成果的影响力，2011 协同创新中心决定编辑出版《藏秦讲堂 2016》。本书就是根据专家学者在“藏秦讲堂”上的讲学内容，经整理并经专家本人审定，由 2011 协同创新中心编辑。

2016 年 9 月，第三届中国西藏旅游文化国际博览会主旨论坛在拉萨召开，西藏民族大学 2011 协同创新中心专家雒伟群教授、朱普选教授与来自清华大学、武汉大学、中国传媒大学等单位的专家学者围绕“‘一带一路’与加快建设面向南亚开放的重要通道”主题，分别在文化分论坛、旅游分论坛上演讲，在此将两位专家的演讲内容一并收录。

2011 协同创新中心将在 2016 年举办“藏秦讲堂”的基础上，进一步总结经验，力求使“藏秦讲堂”越办越好，使之成为西藏文化传承发展与学术交流活动的重要平台。

编 者

2016 年 12 月 31 日

论民族关系与民族发展[①]

金炳镐

全面建成小康社会是我国“十三五”规划中最主要的内容之一，是今后五年我国最紧迫的一项任务。习近平同志在党的十八届五中全会上提出“五大发展理念”，这个发展理念与全面建成小康社会怎么结合？今天我以此为题与大家进行一些交流，内容涉及两个方面：一个是民族团结和相关理论，另一个是民族地区全面建成小康社会与“五大发展理念”。

一、民族团结与相关理论

什么叫民族团结？从理论上讲，民族团结，是指不同的民族在社会生活和交往联系中，相互尊重、平等互助、友好合作、和谐相处。我认为，民族团结只有在不同民族之间，在社会生活的交往联系当中才能够发生。因此，交往联系是一个重要的前提。在交往联系的过程中，相互之间首先要尊重、要平等，还要友好合作、互助，这样才能促使不同民族之间和谐相处，或者叫和睦相处。所以，实际上民族团结最核心的内容就是不同民族之间的和睦、友好和关系上的协调。再一个就是联合。为什么用“联合”这个词呢？我们中国叫民族团结，而在欧洲，在马克思、恩格斯、列宁的

① 本文是中央民族大学中国民族理论与民族政策研究院院长、博士生导师，中国民族理论学会副会长兼秘书长金炳镐教授于 2016 年 3 月 18 日在西藏民族大学“藏秦讲堂”（第 1 期）的讲学内容，经金炳镐教授审阅定稿。

著作中，“团结”这个词很少用，主要是用“联合”这个词。大家都熟悉的《共产党宣言》里最后一句话就是“全世界无产者联合起来”，按照中国的习惯来讲，就是“全世界无产者团结起来”。“联合”就是相互之间合作，比合作还广的联系和合作，这是对民族团结的一个认识，还有一种观点说，民族团结应该包括民族内部的团结。如果是从民族内部的团结影响、民族之间的团结这个意义上讲，这个观点是有一定合理性的。但我是主张民族团结就是民族之间的团结，民族内部的团结必然影响民族团结，两者需要分开讲。民族内部团结影响民族之间团结最典型的例子是历史上前藏、后藏的关系，一定程度上影响汉族与藏族的关系。民族内部的团结算不算民族团结，还涉及民族关系包括不包括民族内部的关系。

上面所述内容是指一般意义上的民族团结，而马克思主义讲的民族团结，它的含义是什么？马克思主义讲的民族团结，有它特定的范围和阶级基础。

从民族团结的范围来讲，马克思主义主张的是不分民族大小、先进和落后的真诚的团结，大民族、小民族都要团结，发展快的民族、发展慢一点的民族也要团结。这是我之所以用一个“真诚的团结”的原因。那么，从民族团结的阶级基础来讲，是有特定阶级内容的团结。马克思主义（特别是马克思、恩格斯、列宁那个时代）所主张的主要就是各民族中的无产阶级和劳动人民的团结，并没有包括资产阶级。一个民族内部有无产阶级，也有资产阶级，讲民族团结并不是指所有阶级的团结。在特定的情况下，比如说在抗日战争这种特定情况下中华民族的大团结，是把主张抗日的一些民族资产阶级，还有开明人士（包括地主阶级当中的开明人士）都包括在里面，这是在特定的一种环境里面，包括无产阶级和劳动人民之外的一些在当时具有进步意义的阶级。一般来讲，就是指无产阶级和劳动人民的团结。在剥削阶级作为阶级已经不存在的社会主义社会里，实际上是讲各民族人民的团结。所以就我们国家目前的状况而言，民族团结实际上是指各民族人民的团结。

那么，主要从中国的这个角度来讲，民族团结的特点概括了这么几点：

第一个是民族团结的核心性——就是说不同民族之间的团结，有一个领导权的问题。就我国而言，必须依靠中国共产党的领导，以党的团结为核心来加强各民族人民之间的团结。在这里举一个世界上的反面例子——苏联解体。苏联解体以前，苏联内部的各民族之间还是比较团结的，至少矛盾没有那么突出。但是，苏联为什么解体？其中的一个原因就是没有一个无产阶级政党作为其各民族之间联系的核心、各民族之间团结的核心。因为苏联从《宪法》当中去掉了苏联共产党的执政党地位，这是戈尔巴乔夫做的事情。第二个原因，苏联共产党已经失去了在苏联各民族人民中的核心作用。苏联解体以后，原来是一个大家庭的这些民族之间开始出现矛盾、纠纷，甚至发生战争。所以，我们讲民族团结的时候，要讲它的核心性。也就是说，要以中国共产党的团结为核心，来加强各民族人民的团结。

第二个是民族团结的原则性——这里所说的原则性，就是指我们国家是人民民主专政的社会主义国家，这是我们国家的性质。当然，现在有人提出来“专政”这个词不要。但是目前，我们正式的表述还是“对人民是民主的，对我们的敌人是专政的”。作为一个社会主义国家，虽然剥削阶级作为阶级不存在了，但是在我们国家的理论当中，阶级斗争在一定的时期、一定的范围内还存在。所以，人民民主专政还需要坚持。人民民主专政是民族团结、国家统一的重要支撑，没有人民民主专政作为保证，民族团结、国家统一也就失去了它的支撑，或者说它的基础就失去了。事实上，民族区域自治是我们国家的人民民主专政在少数民族地区的特殊形式。所以，如果没有民族区域自治，在民族地区的民族团结也好、各民族共同繁荣发展也好，都会没有基础和支撑。民族区域自治，实际上就是人民民主专政的一种特殊形式，这是从原则性的角度来阐述。所以我们的民族团结，它是有原则性的。

第三个特点就是民族团结的协商性——这里主要是阐述针对各民族的不同利益诉求，我们该怎么办这一问题。我认为应该是尽量给予照顾。这里说的是“尽量”，不是“全部”。尽量给予照顾，适当给予让步、照顾。后边这句话实际上是列宁的观点。1922 年，列宁在跟曼彻斯特报纸一个记者的谈话当中，记者问道：“原来俄罗斯是各民族人民的‘牢狱’（或翻译为‘监狱’)。这样的地方，你们五年来怎么建成了各民族这么和谐的一个国家？”列宁在当时的谈话中所讲到的，实际上就是苏维埃政权做到了给予非俄罗斯民族的更多照顾，特别是给予了让步和照顾。列宁说对非俄罗斯民族的要求，应当给予最大限度的满足。这样做了以后，才能够使非俄罗斯民族的人民消除对某些阴谋的顾虑。如果民族之间没有信任，假使俄罗斯民族提出了一个方法，并建议非俄罗斯民族采纳这个方法，因为缺乏信任，非俄罗斯民族立刻就想："这家伙又搞什么阴谋诡计？是不是又要整我们什么东西！”这就是“对某些阴谋的顾虑”，这是一个信任的问题。没有团结，就不可能有信任，信任和团结是相辅相成的。所以，列宁主张对非俄罗斯民族的诉求给予最大限度的满足。

当然，现在我们国家还不这么提。尽量给予照顾，是说在我们国家国力所能及的范围内，适当地给予让步和照顾。也就是说，在不影响大局的原则下，要跟少数民族协商。故而，原则性和协商性就要统一，这是民族团结第三个方面的特点。实际上，如果不跟少数民族协商，就算制定了给予好处或者给予帮助的相关政策，少数民族的反应也并不一定很积极。在讲学习俄罗斯语言的时候，列宁说过一句话：让你进天堂，也不能用棍子来赶你进天堂。意思就是那么好的地方让你去，但你也要跟人家协商一下，或者动员一下，不能用棍子来赶。就算你到那个地方生活好，如果你不太愿意我也要赶你进去，实际上，得到的反响、反应未必会好。

第四个特点就是民族团结的包容性。当今世界存在着民族特点、民族差异，还存在着民族发展的差距，比如说，我们国家各民族之间的经济文化（或者叫经济社会）发展差距，特别是经济发展差距，还是很明显，在这种情况下，就需要各民族之间彼此相互尊重、相互包容、取长补短。我们国家在民族团结的包容性上做得比较好。针对国内各民族之间的经济文化发展差距，我国还专门出台了扶持人口较少民族的政策。人口较少的民族一共合起来六十三万人，后来人口在二十万以上民族再扩大以后，实际人数也就在二百万以内。在我们十三亿人口的国家里，要解决二百万以内人的问题，就要包容人口较少民族、帮助发展这些民族，这样才能实现各民族之间真诚的团结。

论及民族团结，那么民族团结政策的主要内容是什么？根据《宪法》和《民族区域自治法》等相关法律的规定，我认为这么几条一定要包括在里头：

第一个就是反对民族压迫、反对民族歧视。这个是民族平等、民族团结的前提，《宪法》里面也明确写进去了这一项内容。当然有人会说，这么大的事情，民族团结跟它有什么关系？那是因为存在着民族压迫、民族歧视的时候，不可能有民族平等，也不可能有民族团结。所以，实现民族平等的前提是什么？实现民族团结的前提是什么？首先就是反对民族压迫、反对民族歧视。2014 年召开的中央民族工作会议上，习近平同志重申了《宪法》里反对两种民族主义的内容，其中明确提出在城市里，要坚决反对和克服民族歧视或变相歧视的现象，这个完全符合《宪法》的精神，也完全考虑到了目前城市里存在的某些现实状况。所以，谈到民族团结政策内容的时候，必须首先提到它的前提。

第二个就是促进各民族之间的交往、交流、交融。当然交往、交流、交融这些词是 21 世纪才提出来的，时间并不长，但是，相关的精神实质已经包括在民族团结政策的内涵里面。就是说民族团结只有在民族之间交往、交流的过程当中才会出现。如果我们中国的某个民族跟美国的印第安人没有相互联系的时候，说我们之间谈团结，那是没有前提的。团结只有在交往的前提下，才有存在的可能。在目前的情况下，民族交往不仅有直接交往，还有间接交往，网络上的交往也可以算是交往。所以，我们讲民族团结，实际上就是要促进各民族的交往、交流、交融，这也应该包括在民族团结政策的主要内容里。

第三个就是促进各民族的互助合作、发展繁荣，这个是民族团结政策里面的一项主要内容。民族团结的目的是什么？就是使各民族和睦相处、互助合作、共同发展繁荣。所以，它也应该包括在民族团结政策的主要内容里面。

第四个就是反对民族分裂和维护国家统一。就我国这一统一的多民族国家而言，这是非常重要的一个环节。一定要加强民族之间的团结，反对民族分裂。民族分裂肯定不利于民族之间的团结，不仅是不利于，实际上是破坏民族之间的团结，还有就是要反对大汉族主义和狭隘民族主义。《宪法》里明确提出：在加强民族团结的过程中，要反对大民族主义，主要是大汉族主义，也要反对狭隘民族主义。这两个民族主义都要反对。实际上，在我国目前的情况下，这两种民族主义在相当程度上都是存在的，但是它属于人民内部矛盾。人民内部矛盾也会影响民族之间的和谐相处和民族之间的团结，所以一定要坚决反对这两种倾向。

二、统一多民族国家基本国情

下面就中央民族工作会议精神相联系的一些内容，谈谈个人认识。

我们讲维护民族团结、国家统一，那维护民族团结、国家统一作为各民族的最高利益与统一多民族国家基本国情有什么关系呢？

2014 年的中央民族工作会议上，习近平同志讲话的第一部分，就提出要准确把握我国是统一多民族国家的基本国情。习近平同志的讲话一直在强调，维护民族团结、国家统一是各民族人民的最高利益。事实上，把基本国情作为中央民族工作会议讲话中的单独部分提出，这在四次中央民族工作会议中还是第一次，当作一个大题目放在第一位，也是第一次。这两者间有什么关系呢？

我国的基本国情是统一的多民族国家。这句话有两个核心概念，一个是中国是统一的国家；另一个是中国是多民族的，这个多民族实际上是 56 个民族。56 个民族总称叫什么？中华民族！所以，我们理解基本国情的时候，最基本的是掌握这两部分：一个是统一国家，一个是多民族，或者叫中华民族。只要掌握了这两点，就可以理解为什么要强调维护民族团结、国家统一是各民族的最高利益。那就是因为我国的基本国情是统一的多民族国家。统一国家，所以要强调国家的统一；多民族，所以要强调民族团结，这个是国家的最高利益。

我们讲“四个认同”，那“四个认同”与统一多民族国家基本国情有什么关系呢？

我们国家强调“四个认同”（现在提“五个认同”了），那么对伟大祖国的认同，与哪一个相关？其实就是与我们国家是统一的国家有关。所以，对于伟大祖国的认同是“四个认同”之一。中国特色社会主义道路的认同，或者叫中国特色社会主义的认同，这个就与统一国家是相联系的。在“四个认同”中，中华民族的认同、中华文化的认同，实际上就是与多民族、中华民族相联系的。所以，“四个认同”的提出，不是哪个人拍着脑袋就想出来的，这实际上是与我们国家是统一多民族国家的基本国情密切联系在一起的。当然，现在又提出了第五个认同——对中国共产党的认同。中国共产党是我们统一国家的执政党，从这个意义上可以与统一国家下面的国家统一、伟大祖国认同、中国特色社会主义认同相联系。那与多民族下的民族团结、中华民族认同、中华文化认同相联系应当怎么理解呢？因为中国共产党是中华民族的先锋队，要从这一角度去理解。习近平同志把基本国情放在第一位、第一个问题来谈，其实就是说我们做民族工作，必须按照我们统一的多民族国家这个国情来深入理解；在做民族工作时，这样理解才能够真正做到适合我们中国的国情。

我们讲民族团结，那民族团结与统一多民族国家有什么关系呢？

首先，民族团结应该成为我们国家的国家精神、中华民族的民族精神。我国统一多民族国家基本国情含有统一国家、多民族、中华民族等要素。在这样的基础上，民族团结应该成为国家精神、中华民族的精神。因为在统一的国家中要维护国家统一，一般来说，统一的国家不是多民族的就不会叫统一的国家。从维护国家统一这个角度来讲，我们国家要把民族团结教育纳入到公民教育的全过程，纳入到社会主义精神文明建设的全过程，使全社会牢固树立民族团结的思想观念，使民族团结成为统一多民族国家的国家精神。因此，在我们国家，国家精神应该可以概括的不止一个了，而民族团结必须是其中之一。国家精神是什么？国家精神就是“国魂”。所以，民族团结应该是我们国家的国魂之一。

其次，就是中华民族的民族精神。中华民族是什么？简而言之，中华民族就是包括我们 56 个民族的一个民族共同体，它是 56 个民族的总称。中华民族的首要精神是什么？我认为首要的精神就是民族团结。没有民族团结，56 个民族就合不到一起，凝聚力也不可能增强。所以，民族团结应该成为中华民族的民族精神。在中华民族这个范围内，要广泛地开展民族团结宣传教育活动，大力弘扬以爱国主义为核心、民族团结为重点的中华民族精神。中华民族精神是什么？爱国主义是核心，我认为民族团结是重点。把民族团结作为国家精神也好，中华民族的民族精神也好，实际上也是从我们国家的基本国情引申出来的，或者是从这里必然得出的一个结论。所以，民族团结对统一国家来讲，那就是统一国家所有国民（或者叫公民）的责任和义务。对中华民族的成员来讲，也是所有的中华民族成员的责任和义务，因此必须加强各民族之间的团结。

最后，在统一国家里，所有的国民、所有的公民都应该有民族团结的意识。民族团结意识应该成为中华民族所有成员的一种社会意识，这一点我们在民族团结教育宣传中应该加强。而作为中国的公民，就是统一多民族社会主义国家的公民。所以，作为中华民族的一个成员，就必须要树立起民族团结这种社会意识。比社会意识更具体一些的，就是每个民族都有自己的风俗习惯，每个人都有自己的生活习惯。从习惯的角度讲，那就是我们要强调民族团结。民族团结应该成为统一国家的所有国民、所有公民的一种社会习惯。也就是说，当遇到外界来的人的时候（特别是在西部地区的时候），一定要弄清楚来者在饮食上有什么习惯，这就是所谓的民族团结的社会习惯。要知道“他”与“我”这个民族不一样，应当要尊重他。即使在不太清楚的情况下，比如说要吃饭的时候，首先问一下他们饮食上是不是有什么忌讳，这应该成为一种习惯。不然的话，来了一个信仰伊斯兰教民族的人员，你热情招待，把他带到汉族人的食堂，他作为客人吃也不是，不吃也不是，那么，招待方和客人都会很尴尬。这些实际上都是从对我们国家基本国情的了解出发我所想到的一些内容，而其中特别要注意的就是民族团结应当跟我们统一多民族国家的基本国情联系起来考虑。

三、民族团结进步事业

民族团结进步，这一大家普遍熟悉的提法是这些年我国一直在努力推动的重要事业，这一内容在党的十八大报告里面也有提及，只是在各地区实际做法中称谓有所不同，如在贵州，它叫“建设民族团结进步示范区”，在云南，叫做“建设民族团结进步边疆稳定繁荣示范区”，这些都是中央定下的。那么，应该怎么理解把民族团结进步作为民族工作最重要的一部分，或者是最重要的内容之一加以推动，并且，只提民族团结进步这一现象呢？

实际上，民族团结进步是中国特色民族理论的两个根本问题和实践中的两个核心问题在民族工作中的体现，实际上包括两个概念——民族团结和民族进步。它概括了中国特色民族理论最根本的两个问题，也是中国特色民族理论最核心的两个实践问题——促进民族发展、协调民族关系。应当怎么理解呢？比如说民族团结，民族团结是什么？实际上，民族团结就是民族关系的一种状态。谈到民族关系的状态，不能说“我很团结”。你跟谁团结？它必须要有个对象。所以，民族团结就是讲民族关系的一个状态。民族进步是指什么？实际上就是指民族的发展状态。它是怎么体现中国特色民族理论的两个根本问题、实践中的两个核心问题的呢？比如说，中国特色社会主义民族理论的理论体系，理论上回答两个根本问题：什么是民族？什么是民族问题？理论上解决了什么是民族以后，实践当中要解决的核心问题就是如何促进民族发展。理论上解决什么是民族问题以后，实践当中要解决的核心问题就是如何协调民族关系。中国特色民族理论实践上的两个核心问题，就是促进民族发展、协调民族关系。所以，中国的民族理论，或者叫中国的民族理论、民族政策就是解决民族发展问题、民族关系问题。

概而括之，民族团结讲的是民族关系，而民族进步实际上讲的是民族发展。所以，民族团结进步事业的核心是要解决民族发展的问题、要解决民族关系的问题。这个口号不是简单的一个问题，而要理解这个问题，则是把中国特色民族理论最根本的理论问题和实践中的核心问题都体现于其中。包括中国特色民族政策中最核心的四个内容——民族平等、民族团结、民族区域自治、民族共同发展都体现出来了：民族平等、民族团结——与民族关系相关；民族区域自治、民族共同发展——更多地与民族发展相关。所以，在概括中国特色社会主义民族理论体系的时候，应当这么讲：第一要义是什么？民族发展。基本的要求是什么？协调民族关系。民族关系的和谐，核心是什么？核心就是民族平等、民族团结。基本的方法是什么？在我们国家就是通过民族区域自治这种方式，来解决中国的民族发展问题、解决中国民族关系的和谐问题。因此，虽然民族团结进步事业就这么一句话，实际上它概括了中国民族理论政策中最核心的内容。

我们党的第一代领导人非常值得我们敬佩。虽然他们在理论上没有怎么展开探讨民族理论政策，但是，我却越来越觉得他们在解放初期，也就是 20 世纪 50 年代的时候，实际上已经真正把握和阐述了中国特色民族理论与政策的核心内容。在座各位去过北京民族文化宫的老师、同学可留意过，民族文化宫的两扇大门一边写着“团结”二字，另一边写着“进步”二字。这两边的字就指出了民族团结进步，实际上也就抓住了我们民族理论政策最核心的问题。据说，这个“团结进步”是彭德怀提出来的。彭德怀当时是西北地区的主要负责人，在西北地区接触了许多少数民族。彭德怀不仅熟悉民族工作，也熟悉中国共产党的民族理论政策，把握了中国共产党民族政策中最核心的内容。此外，1949 年 9 月 29 日通过的《中国人民政治协商会议共同纲领》中第六章所讲的民族政策概括了民族关系，实际上，其中概括的内容与 1982 年《宪法》中所概括的“平等、团结、互助”文字表述不一样。然而，平等、团结、互助的内容都包括在里面。表述虽不同，但是这个含义都包括在其中。我曾经写过一篇文章，把中国共产党对民族关系内容表述的演化过程进行了梳理。对第一代领导人的理论水平以及他们的认识境界都非常叹服。

2014 年的中央民族工作会议上，习近平同志在讲话中提出：民族平等是我国的立国之本，也是成立新中国的根本原则之一，是立国之本的要素之一。这个提法最早是 2014 年 3 月份的“两会”期间，习近平同志在参加政协民族宗教联组会议上第一次提出的：民族平等是新中国立国的根本原则之一。实际上，把民族平等与我们国家的民族理论、民族政策联系起来，提到这个高度的，习近平同志是第一人。毛泽东同志强调了民族平等、民族团结的重要性，强调民族团结是我们事业取得胜利的基本保证。习近平同志提到民族平等是新中国的立国之本，它的意义在哪里？就是强调了我国是统一的多民族国家的基本国情，指明了做好民族工作一定要坚持的一项根本原则。

我们说中国是 56 个民族组成的国家，而 56 个民族组成一个统一的国家，它最根本的原则是什么？那首先就是民族平等，即各民族都是国家的主人，各民族都为缔造新中国作出了贡献。其实是这样一种平等的理念、平等的精神、平等的态度。

民族工作首先要坚持的第一条就是民族平等，第二条是民族团结，第三条是民族区域自治。因为中国共产党把民族平等、民族团结作为民族政策的总政策，民族区域自治作为民族政策的基本政策，这是 20 世纪 50 年代就概括出来的一种表述。因此，这不仅是我们民族政策首先要坚持的原则，也是首先要坚持的政策。此外还有各民族繁荣发展。因此，概括而言，民族政策的四个根本点分别是：民族平等、民族团结、民族区域自治、民族繁荣发展。这一观点是本人在北京参加中央七部委召开的“纪念毛泽东同志诞辰一百周年学术研讨会”时提交的论文里提出的。

特别要强调，民族平等是新中国的立国之本之一，这个提法在理论上具有重大的意义。也就是说，在今后的民族工作中，我们首先要讲的就是民族平等。习近平同志在讲到全面建成小康社会的时候，有一句名言：一个民族都不能少，一个民族都不能落下。就是因为我们是 56 个民族组成的统一国家，各民族是平等的，必须要做到这一点。实际上，这个提法不仅完全符合马克思主义民族理论，而且也符合中国特色民族理论。民族平等是马克思主义解决民族问题的根本原则，在理论上一直如此。同时，民族平等也是中国共产党解决民族问题的根本原则，民族平等也是我们党和国家解决民族问题的总政策。

那么，如何论及民族团结问题？民族团结是各民族人民的最高利益之一。民族团结、国家统一是各民族人民的最高利益，这是中央民族工作会议上讲到的一个问题。所以单独提到民族团结问题时，是不是也可以拆开讲，民族团结是各民族人民的最高利益之一。在中央民族工作会议上习近平同志也讲到，民族团结也是我国各族人民的生命线，以此强调民族团结的重要性。

习近平同志要求把加强民族团结作为战略性、基础性、长远性工作来做，就是指对统一的多民族国家来讲，民族团结是一个战略性的问题。而且，在提到新疆工作的时候，他讲到，从长远来看，新疆根本的问题是民族团结问题，它是一个基础性的问题，应当把它作为基础性的工作来做。也就是说，要解决好民族关系，必须加强不同民族之间的团结，这是一个基础性的事情。我们要发展和完善社会主义民族关系，基础性的工作是什么？那就是各民族之间要加强团结。此外，就是要将它视为长远性的工作来做。民族团结工作不是一天两天就能直接见效的事情，而是一项长远的工作。几百年来，或者是更长时间，历史上各民族之间造成的隔阂问题要得到解决，需要很长的时间，所以，我们应当把它作为一项长远性的工作来做。

习近平同志提到，要加强中华民族大团结，长远和根本的是要增强文化认同。这里讲的文化认同，并不仅仅是讲中华文化的认同，首先是对本民族文化的认同，同时，也是对中华文化的认同。不让少数民族认同自己的文化，只让他们认同中华文化，这个是做不来、行不通的。习近平同志在中央民族工作会议上明确讲到，不让认同本民族文化是不对的，认同本民族文化和认同中华文化并（列）（培）育而不相悖。认同本民族文化和认同中华文化并不矛盾，它们应该是可以协调的。所以，加强中华民族团结就是各民族之间要加强文化的交流、增强文化的认同，要培养中华民族共同体的意识。也就是说，我是某某少数民族的成员，同时我也是中华民族的一员，这种意识也要加强培养。而且，在这里提到的文化认同是一个最深层次的认同，它是民族团结之根、民族和睦之魂。当然，这个问题还可以进一步深入研究、阐述。文化认同为什么是民族团结之根？为什么是民族和睦之魂？因为各民族之间相互尊重文化、相互学习交流甚至是交融，这个是民族发展中有利的条件。

习近平同志还讲到，民族团结说到底是人和人的团结，做民族团结重在交心，要将心比心、以心换心。就如何加强民族团结，习近平同志指出了其中最核心的一条路径。具体来讲，民族团结就是从人和人之间的团结开始。对于这一点，一定要知道和注意。民族团结是从民族成员个体之间的团结开始，而且这种团结重在交心。重在交心，交心最核心的东西是什么？相互交心，将心比心、以心换心，才能获得相互之间的信任。所以，信任是民族团结中最核心的因素，也是民族关系中最核心的因素。

习近平同志在提到做民族工作时指出，最关键的是搞好民族团结，最管用的是争取人心。民族工作应该包括两个方面：一个是促进民族发展的事情，一个是解决民族关系的问题。民族关系的问题就是民族团结的问题，民族团结就是民族关系的一个状态。在这里就是指要争取人心，解决人们相互之间的信任问题。

值得注意的是，习近平同志在这次中央民族工作会议上，提出了用法律来保障民族团结。这个内容非常重要，但是真正实施起来则需要做很多的工作。包括怎么样立法；对于违反尊重民族风俗习惯规定的、不利于民族团结的事情应当怎么样处理；怎么样加强民族之间的团结等工作，还有反对两种民族主义、反对民族歧视的问题。此外，还应当注意加强民族团结要创新载体和方式，比如说西藏民族大学 3 月份的“民族团结月”，它就是一个方式。那么，除了现有的这些方式以外，还有没有别的更好的方式？提倡要创新载体和方式，如何创新载体和方式也应该是进一步努力解决的问题。现在最普遍存在的就是“民族团结月”“民族团结周”等等，除了这些，我们可以根据新的时代的发展、形势的发展，或者是某个地区的特点，创新一些加强民族团结的形式。

民族团结是我们事业取得胜利的基本保证。最著名的就是 1957 年毛泽东同志在《关于正确处理人民内部矛盾的问题》这篇讲话中提出来的，国家的统一、人民的团结、国内各民族的团结，是我们事业胜利的基本保证。

习近平同志在讲话中也提到，我们必须进一步巩固全国各族人民的大团结，增强中华民族凝聚力，为全面建成小康社会和实现国家长治久安，提供强有力的保证。习近平同志在2014年5月召开的第二次新疆工作座谈会上讲到，新疆问题中最长远的还是民族团结的问题，实际上就是民族关系的问题。所以，他强调要加强民族团结，筑牢各民族共同维护祖国统一、维护民族团结、维护社会稳定的钢铁长城。社会稳定与统一国家之间有着密切的关系。有的地方领导在讲话中是这么讲的，要维护祖国统一、维护民族团结、维护社会稳定、反对民族分裂，反对民族分裂又是与多民族联系在一起的。

此外，习近平同志还强调要高举各民族大团结的旗帜，在各民族中牢固树立国家意识、公民意识、中华民族共同体意识。前面两个意识就是与统一国家联系在一起的。国家意识即为统一国家意识，再一个就是统一国家的公民意识，以及中华民族共同体意识，在多民族里我们讲的是中华民族。所以，我们是中华民族共同体中的一部分。

在此，顺便谈一下我个人的认识。在习近平同志的讲话中，提到的都是增强中华民族共同体意识，或者叫培育中华民族共同体意识，但是从来没有提到构建中华民族共同体。这有什么区别呢？中华民族在目前阶段的工作就是要加强中华民族的凝聚力，增强各民族的中华民族共同体意识；并不是说现在就实现把各民族交融一体，不是直接去推动构建中华民族共同体。直接构建共同体，那就与“第二代民族政策”主张的“交融一体”一样，这一点一定要注意。有人写文章就是这么说的：中央民族工作会议上，习近平同志一再强调要构建中华民族共同体，这是曲解了习近平同志讲话的原意。讲话的原意是强调现在要牢固树立，或者是增强，或者是培育中华民族共同体意识。是现在要建立共同体意识的过程，并不是说马上要构建一个交融一体的共同体。

综上，我们国家民族团结的指导思想是什么？实际上，民族团结的指导思想就是中国共产党的民族理论。民族团结的前提和基础是什么？就是民族平等。这是中国共产党民族理论中最根本的原则，民族团结的生命线是中国共产党的民族政策。没有中国共产党的民族政策，不可能实现各民族的团结。

在此，我做一个说明性解释：现在社会上有很多人认为，中国共产党的民族政策，或者说中国的民族政策就是照顾政策，这个看法是片面的、不准确的。为什么会有中国共产党的民族政策？就是因为中国的 56 个民族有差别、有特点，特别是汉族和少数民族之间有差别、有发展的差距，这包括经济、文化上的发展差距。所以，制定一些民族政策来干什么呢？不是为了照顾少数民族，而是为了保障少数民族的平等权利、保障少数民族平等的发展。所以，民族政策最核心的内容是保障民族平等的内容，民族政策也是一个保障的政策，并不是照顾的政策。当然，有没有照顾的成分？有照顾的成分。但是，不能把民族政策都认为是照顾的政策。有人提出，新中国成立六十多年了，少数民族也已经发展到一定程度了，我们应该对少数民族的照顾政策实行较大的调整，这个说法实际上是不符合实际、也不符合民族政策的。比如说，培养少数民族干部的政策是照顾政策吗？那其实就是为了保障让少数民族人民当家作主，没有本民族的干部，怎么能叫当家作主呢？所以，为了实现少数民族当家作主的这种权利、要保障这种权利，就要大力培养少数民族干部。当然，有的时候有没有照顾的成分呢？也有照顾的成分。比如说高考的时候，给少数民族考生照顾加分，这是一个既有保障的内容，又有照顾的内容。保障的内容怎么理解呢？如果对少数民族不加分，少数民族考上大学的比例会大大低于汉族。那样的话，少数民族的教育发展永远跟不上汉族。所以，在一定时期降分或者是加分，实际上就是为了保障少数民族上大学的比例达到一定的程度，从而慢慢地赶上汉族的发展水平。从这个意义上来讲，它就是保障的因素。但是，加 20 分不就是照顾吗？从这个意义上来说，又可以理解为它也有照顾的成分。这个认识是非常重要的，也是一个关键的因素。如果认为都是照顾政策，那主张调整的建议就会增多。所以，这一点内容一定要搞清楚。实际上，我们国家当初制定民族政策的初衷，就是为了保障少数民族的平等、各民族之间的团结、各民族的发展，这一点也一定要注意。

民族团结的重要性诸位都认识深刻，它是关系到国家前途命运的重大问题，也是我们事业取得胜利的基本保障，等等。为什么说中国共产党的民族政策是民族团结的生命线，以上概括性的阐述大家也都是熟悉的，只不过有的人没有从这些角度思考过。民族团结实现的根本基础是什么？那就是民族平等。没有民族平等，实际上不可能实现民族之间的团结。存在压迫剥削的时候能团结吗？事实上，个人和个人之间、同学和同学之间，有人老是欺负你的时候，你会跟他好吗？所以，民族平等正是民族团结实现的基础。

我们国家民族团结最主要的表现形式是什么？就是民族区域自治，民族区域自治是民族团结的制度保障。为什么这么讲呢？因为让少数民族当家作主，自己管理自己内部的事务，那么少数民族还会有什么不满足的呢？这是有利于加强民族团结的。所以，我们国家民族团结最主要的表现形式，就是民族区域自治实行得顺利、实行得好，这个就是民族团结最重要的实现形式，也是少数民族自主的保障。

民族发展繁荣的政策，如发展少数民族经济、发展少数民族文化、发展少数民族语言文字等等，实际上是实现民族团结的根本途径。我们尊重少数民族特点的那些政策，就是尊重少数民族风俗习惯的政策、尊重少数民族宗教信仰的政策，这些都是尊重民族特点的政策，也是民族团结实现的重要条件。

民族团结方面再提一个内容，那就是民族团结的理论宣传要全面、要系统。比如说，民族平等、民族团结、民族区域自治、民族发展繁荣，这些是我们国家民族政策最根本的四个内容。这四个内容中，我们强调民族团结。进行民族团结教育的时候，理论上一定要全面。不要忽略同时进行另外三个方面的宣传教育，要加强民族团结，但是必须要坚持民族平等；不坚持民族平等，就不可能有民族团结。民族团结怎么实现，它最重要的形式、最主要的制度保障，就是搞好民族区域自治。民族团结实现的最根本的途径，就是让各民族繁荣发展，包括经济、文化、教育等方面。所以，这些内容要同时进行宣传，不能只说加强民族团结，好像民族团结的责任和义务都在少数民族方面，这是宣传上存在的一个片面之处。加强民族团结，同时要创造条件，包括制度的条件、实际的条件、发展的条件等等。

四、民族发展

加快民族地区全面建成小康社会的进程，这是中央民族工作会议上习近平同志强调的八个内容中的一个部分。它总体的思路主要讲到要做好四个方面、八个重点工作。特别强调、关注民族地区的民生、基层、就业、教育，加强基础设施建设、扶贫开发，还有城镇化建设、生态建设，这就叫四个方面的八大重点工作；除了这些以外，他还强调少数民族地区必须实现跨越式的发展。习近平总书记讲了民族地区的发展，需要把中央、发达地区、民族地区三大地区的积极性都调动起来，也提到对边疆地区、贫困地区、生态保护区实行差别化的政策等等。同时，他提出要把少数民族地区的内生潜力挖掘出来、发挥出来。

以下谈一谈十八届五中全会和这次“两会”里面“十三五”规划中强调的五个新的发展理念。

关于“十三五”时期全面建成小康社会的中央建议里，提出了下面一个内容：“十三五”时期是全面建成小康社会的决胜阶段，这五年是决胜阶段。所以，要如期实现全面建成小康社会的奋斗目标，推动经济社会健康持续地发展，必须遵循以下原则：第一个，坚持人民主体地位；第二个，坚持科学发展；第三个，坚持深化改革；第四个，坚持依法治国；第五个，坚持统筹国内国际两个大局；第六个，坚持党的领导。这六条内容实际上把“四个全面”都包括在其中了。比如，深化改革的问题、依法治国问题、党的领导问题，以及科学发展问题，都涵盖在其中。而且，在这个建议的说明中，习近平同志提出了五个发展理念：发展理念是发展行动的先导，是管全局、管根本、管方向、管长远的东西，是发展思路、发展方向、发展着力点的集中体现。所以，发展理念对发展来讲是非常重要的一个因素，它关系到发展的思路、方向、着力点。

那么，在这次讲话中提出的五大发展理念是什么呢？是创新发展、协调发展、绿色发展、开放发展、共享发展这五个理念。要全面建成小康社会，就必须贯彻这五大新的发展理念，这样才能够在五年内争取实现一个民族都不落下。再简单谈谈这五个发展理念与我们民族发展、民族关系

（这是民族理论中最核心的内容）应当怎么联系的问题。

第一个，坚持创新发展。多媒体课件上这段“坚持创新发展，必须把创新摆在国家发展全局的核心位置，不断推进理论创新、制度创新、科技创新、文化创新等各方面创新，让创新贯穿党和国家一切工作，让创新在全社会蔚然成风”，是习近平同志讲话中的原话。这里提出来的就是要不断推进理论创新、制度创新、科技创新、文化创新等各方面的创新，让创新贯穿党和国家的一切工作、让创新在全社会蔚然成风。事实上，也就是提出要坚持创新发展。那么，在创新发展里面，习近平同志提出来的几个创新（理论创新、制度创新、科技创新、文化创新）与我们的民族发展、民族关系发展应当怎样联系起来考虑？比如说，在我们现有的民族理论中，有一些现成的关于民族发展的理论，那么我们在这里还要不要理论创新。民族发展里是不是还可以有一些新的制度创新？包括民族区域自治，在实施的过程中，制度方面还会不会有一些什么新的创新？这些内容事实上都可以考虑。科技创新就更不用说了，科技创新实际上是经济发展、科学发展、文化发展的一个动力，最大的动力。所以，可以从这个角度来思考。再有就是民族关系，现有的民族关系理论，是不是也可以有一些创新？比如说共生理论，现在中央提出来最著名的是“三交理论”：交往、交流、交融；“三和理论”：和睦相处、和衷共济、和谐发展。除了这些以外，是不是在理论上还可以有一些创新等等，这是我们可以进一步考虑的方面。以上是我提出的一个思路，或者是提出的一个问题。

第二个，坚持协调发展。这个协调发展强调了要牢牢把握中国特色社会主义的总体布局，正确处理发展中的关系问题。协调什么呢？促进城乡区域协调发展，经济社会协调发展，工业化、信息化、城市化、农业化的同步发展，这个不是协调发展，而是同步发展。在增强国家硬实力的同时，注重提升国家的软实力，不断增强发展的整体性。

那我们考虑到民族地区的时候，应当怎么考虑？

比如，促进城乡协调发展，民族地区怎样贯彻这个精神？又比如说，像贵州这样的山区，应该怎么执行？而像西藏这样的地方，要怎么执行？

此外，像内蒙古的牧区，城乡区域协调发展该怎么实现？这些内容中有很多理论问题、很多实际的政策性问题，都需要认真研究。

又比如，经济、社会协调发展问题。经济、社会协调发展的一个例子，就拿扶贫来说，我们这些年只注重吃饱的问题、穿暖的问题，但是扶贫中实际上是最关键的一环——贫困地区的教育问题，重视了没有？教育问题没得到重视，所以，贫困的代际传递问题没有解决。父亲这一辈很穷，之后孩子那一辈照样穷，就是因为教育没有发展！扶贫实际上要重点解决教育的发展问题，教育不发展，就业就解决不了。在经济社会协调发展里面，扶贫的经济社会协调发展，扶贫的精准扶贫中，不仅仅是经济上的精准扶贫，教育上也要精准扶贫。

再比如，“几个化”的同步发展问题，在民族地区的难度就更大。我们一定要考虑到物质文明和精神文明应当怎么样协调发展；促进城镇化和农业的现代化怎么协调发展；城镇化以后牧民都进城了，那牧业现代化问题该怎么解决——这些问题都是我们民族地区发展中需要认真考虑和解决的问题。

第三个，绿色发展问题。绿色发展主要是强调坚持节约资源和保护环境的基本国策，坚持可持续发展。坚定走生产发展、生活富裕、生态良好的文明发展道路，加快建设资源节约型、环境友好型社会，形成人与自然和谐发展的现代化建设的新格局，推进美丽中国建设，为全球生态安全作出新的贡献，提出绿色发展问题。那么，涉及民族地区或者少数民族，应当怎么理解？坚持可持续发展在民族地区又应该怎么样实现？比如说，为了整个国家的生态保护，在有些地区（特别是西部地区，青海这个地区最明显，还有四川一些地区），不能砍木头，但原来的林业经济没了，这些地区的老百姓的可持续发展怎么解决？生产发展、生活富裕、生态良好的文明发展道路，这个说起来容易，真正做起来问题却很多。在少数民族地区，到底怎么能够解决？所以，真正要做到促进人和自然和谐共生，非常不容易，这些都是摆在我们民族工作者面前的重大课题。

第四个，坚持开放发展。开放发展是强调必须顺应我国经济深度融入世界经济的趋势，奉行互利共赢的开放战略，发展高层次的开放性经济，积极参与全球治理的工农产品供给，提高我们在全球经济治理中制度性话语权，从而构建广泛的利益共同体。这些很多是针对国外来讲的。但是我们从民族工作的角度、从民族地区的角度，怎么样理解这个内容？比如说，顺应我国经济深度融入世界经济的趋势，奉行互利共赢的战略——那么，我们在少数民族地区，怎么样实现合作共赢？这是一个大的理念问题。少数民族地区资源丰富，但不能只把这些资源卖给外边的人，让他们来开采。在资源开采的过程中，当地的人跟开发商要怎么合作、怎么双赢？这是一个关于合作共赢的内容。

此外，一定要树立起互利共赢的意识。意思就是说，卖了资源或者临时得到的钱，比如说卖地的钱等等，这个是不长久的。必须利用本地的资源，树立起互利共赢的观念。再一个就是在少数民族地区，特别是西部地区，要大力推进“一带一路”建设。这个不只是一个口号，而是真正对西部地区少数民族发展的一大机遇。不仅是西部地区，实际上南部地区，甚至是对黑龙江、吉林等地区都有这个机遇。黑龙江也有陆路的和水路的“丝绸之路”的问题，跟俄罗斯的联系的问题。所以，它们也都提出这么一个发展的理念。开放发展这个方面要求少数民族地区和少数民族，一定要关注“一带一路”的发展，从中实现我们自身的发展。

第五个是坚持共享发展。共享发展是必须坚持发展为了人民、发展依靠人民、发展成果由人民共享，从而做出更有效的安排，使全体人民在共建、共享发展的过程中，有更多的获得感。这个提法非常好。也就是说，不能有不平衡感。你有获得感，哪怕是获得了这么一点，我也觉得我得到了一点。这个获得感，实际上对增强民族之间的信任非常重要。

增强自身发展的信心也非常重要。一定要增强发展动力、增进人民团结，朝着共同富裕的方向稳步前进。共享发展从少数民族角度来讲，是坚持发展为了人民、发展依靠人民、发展成果由人民享受，这些都是我们应该考虑的少数民族的实际情况，并据此来认真地安排。因此，这是一个值得我们考虑的内容。

习近平党的新闻舆论工作重要讲话的理论创新[①]

郑保卫

2016年2月19日，习近平总书记在党的新闻舆论工作座谈会上发表重要讲话（以下简称“2·19”讲话），就党的新闻舆论工作的性质地位、功能作用、宗旨任务、职责使命、基本方针、重要原则，以及人才培养、队伍建设、党的领导等一系列事关新闻事业长远发展的重大理论与实践问题作了全面、系统、深刻的阐述，为在新的时代条件下做好党的新闻舆论工作指明了政治方向，规划了实践路径，确定了工作原则，提出了行动要求。

“2·19”讲话从内容到形式，再到表述都有许多创新之处。很多人发现这次会议的名称就同以前不一样。以前中央开过“新闻工作会议”“宣传工作会议”“宣传思想工作会议”等，而这次会议的名称是“党的新闻舆论工作座谈会”，使用了“新闻舆论”这一概念。“新闻舆论”的概念以前用过，但是作为中央召开的重要会议的名称过去从来没有用过。分析起来，我想其主要原因，一是要强调舆论工作的重要性，二是要扩大讲话内容的适用范围。

自从互联网出现以后，媒体格局和舆论格局都发生了重大变化，过去传统主流媒体把控舆论引导局面的情况受到巨大冲击，网络媒体的舆论

① 本文是教育部社会科学委员会委员兼新闻传播学科召集人，中国人民大学博士生导师郑保卫教授在2016年3月26日西藏民族大学学术讲座上的讲学内容，经郑保卫教授审阅定稿。

传播与表达功能日益增强，影响越来越大。在今天，不重视舆论引导，特别是网上舆论引导将会带来严重后果，这方面的例子不胜枚举。因此，名称的改变反映出中央对舆论引导工作，特别是对做好网络舆论引导工作的高度重视。另外，以“新闻舆论”作为会议名称，这就把讲话内容所涉及和使用的范围大大扩展了，扩展到了一切能够提供信息传播和舆论表达平台的媒体，包括商业网站、社交媒体等。习近平在讲话中提出的“八个讲导向”，就涵括了各种不同类型的传播媒体和不同体裁与内容的报道方式，是一种全方位、全覆盖的舆论导向要求。

“2・19”讲话理论体系完整、思想内容深刻、观点表述新颖，是中国共产党新闻思想史上具有里程碑意义的纲领性文献，是马克思主义新闻观中国化的最新成果，是指导我们做好当前新闻舆论工作的强大思想武器和理论指南。“2・19”讲话的理论创新主要表现在以下方面：对党的新闻舆论工作性质地位作出新定位；对党的新闻舆论工作方针原则进行新归纳；对党的新闻舆论工作职责使命作出新表述；对党的新闻舆论工作创新发展作出新部署；对加强队伍建设和党的领导提出新要求；对丰富发展马克思主义新闻观作出新贡献。

一、对党的新闻舆论工作性质地位作出新定位

习近平在讲话中用“重要工作”“大事”和“五个事关”来表述新闻舆论工作的特殊性质和重要地位。他指出，党的新闻舆论工作是党的一项重要工作，是治国理政、定国安邦的大事。做好党的新闻舆论工作，事关旗帜和道路，事关贯彻落实党的理论和路线方针政策，事关顺利推进党和国家各项事业，事关全党全国人民凝聚力和向心力，事关党和国家的前途命运。正因为如此，他提出必须从党的工作全局出发把握党的新闻舆论工作，做到思想上高度重视、工作上精准有力。这是习近平对新闻舆论工作特殊性质和地位的定位，他把新闻舆论工作置于了极端重要的位置。这既是对历史经验的总结，也是对现实国情的思考。

历史经验证明，意识形态和新闻舆论阵地如果不是牢牢掌握在党和人

民手中，就会给事业带来隐患，造成危害。而现实的国情也说明，党和政府如果失去对新闻舆论的控制权，便无法正确引导舆论，无法让主流舆论占据主导地位，这将会给党和人民的事业带来巨大损失。

习近平近些年来强调要把意识形态和新闻舆论工作的领导权、管理权、话语权牢牢掌握在手中。尤其是他结合新媒体快速发展的形势，提出要把网上舆论斗争作为宣传工作的重中之重来抓，要求在互联网这个战场上，要顶得住、打得赢，要敢于发声、敢于亮剑，牢牢掌握主动权，这是他对意识形态和新闻舆论工作重要地位的深刻理解，是一种认识上的深化、创新和发展，具有重要的理论价值。

认真学习“2·19”讲话，深刻认识意识形态和新闻舆论工作的重要地位将有助于我们认清形势，把握大局，掌握主动，做好意识形态和新闻舆论工作，以赢得舆论引导的主动权。

二、对党的新闻舆论工作方针原则进行新归纳

“2·19”讲话对党的新闻舆论工作的一些重要方针原则进行了新的归纳，并作了集中阐述，形成了党的新闻舆论工作方针原则较为完整的概念体系，同时也使这些方针原则更加凝练，更加明晰，而且更加易懂易记。

习近平在讲话中多次、多处使用了“坚持”这个词，而他谈到要“坚持”的东西都是属于原则性的东西。如他在讲到党的新闻舆论工作是治国理政定国安邦的大事之后，提出要适应国内外形势发展，从党的工作全局出发把握定位，“坚持党的领导，坚持正确政治方向，坚持以人民为中心的工作导向”。这“三个坚持”，涉及的都是党的新闻舆论工作的重要原则问题。“坚持党的领导”，就是要坚持党管媒体的原则，将新闻舆论工作严格置于党的领导之下，始终维护中央的权威，确保其永远坚持正确政治方向。“坚持正确政治方向”，就是要自觉地在思想上政治上行动上同党中央保持高度一致，体现党的意志、反映党的主张，做到爱党、护党、为党，坚持党性和人民性的统一。“坚持以人民为中心的工作导向”，就是要始终把人民放在心上，要以人民的呼声作为新闻舆论工作的第一信号，想人民

之所想，忧人民之所忧，急人民之所急，永远为人民鼓与呼，为人民服好务，做人民的好记者。

习近平在用 48 个字概括了党的新闻舆论工作的“六项职责和使命”后指出：“要承担起这个职责和使命，必须把政治方向摆在第一位，牢牢坚持党性原则，牢牢坚持马克思主义新闻观，牢牢坚持正确舆论导向，牢牢坚持正面宣传为主。”这“四个牢牢坚持”所概括的“四项原则”，可以说是党的新闻舆论工作原则中最重要的几项原则，正因为如此，习近平用“牢牢坚持”来表述。“四个牢牢坚持”排在第一的是“党性原则”，毫无疑问这是党的新闻舆论工作最重要的一项原则。

回顾历史，从 1905 年列宁在《党的组织和党的出版物》一文中，正式提出并系统阐述出版物的党性原则问题，一百多年来，党性原则始终是无产阶级新闻事业所遵循的最重要的原则。而当年列宁所阐述的：党报是党的事业的一部分，是社会主义整个大机器上的齿轮和螺丝钉；党报要接受和服从党的领导；党报要为千千万万劳动者服务；要以是否遵守党的纲领、章程、策略决议和工作经验，作为考察和检验党报是否具有党性的标准等观点，迄今依然是我们认识党性原则理论内涵的主要依据。

中国共产党一向把党性原则作为最重要的工作原则。从毛泽东到邓小平，再到江泽民、胡锦涛都作过论述，而且反复强调其重要性。毛泽东和邓小平都提到过党报要坚持党性原则，而且要求党报要无条件地宣传党的路线和主张。1942 年党中央机关报《解放日报》在为改版发表的《致读者》社论中，总结了党报工作要贯彻的四项品质，排在第一的就是“党性”，其他三个是群众性、组织性、战斗性。

习近平在讲话中，由党性原则又引申了一系列重大原则问题。例如，他谈到，“党的新闻舆论工作坚持党性原则，最根本的是坚持党对新闻舆论工作的领导”，而“党的领导”，其实也是一项工作原则。围绕这项原则，习近平紧接着提出了一个新话题：“党媒姓党。”他指出：“党和政府主办的媒体是党和政府的宣传阵地，必须姓党。”接着又提出了“三个都要”：“党的新闻舆论媒体的所有工作，都要体现党的意志、反映党的主张，维护党中央权威、维护党的团结，做到爱党、护党、为党；都要增强看齐意识，在思想上政治上行动上同党中央保持高度一致；都要坚持党性和人民性相统一，把党的理论和路线方针政策变成人民群众的自觉行动，及时把人民群众创造的经验和面临的实际情况反映出来，丰富人民精神世界，增强人民精神力量。”

党媒都要体现党的意志、反映党的主张，维护党中央权威、维护党的团结，做到爱党、护党、为党；都要增强看齐意识；都要坚持党性和人民性相统一。这段与党性原则联系在一起的话语，集中体现了习近平这次讲话的核心内容和主题思想。以“党的新闻舆论工作”为名称的会议，要解决的核心问题就是党媒如何坚守党的立场，始终与党保持一致，如何爱党、护党、为党的问题。显然，这是一个极其重要的话题。要认识到，无论时代如何发展、媒体格局如何变化，党管媒体的原则和制度不能变。党和政府主办的媒体必须姓党。不仅如此，党管媒体的原则必须得到全面贯彻，一切从事新闻信息服务、具有媒体属性和舆论功能的传播平台，都要纳入依法管理范围，这是事关国家意识形态安全、政治安全的大问题。

“四个牢牢坚持”中的另外三个：牢牢坚持马克思主义新闻观，牢牢坚持正确舆论导向，牢牢坚持正面宣传为主，也都是党的新闻舆论工作的重要原则。其中，牢牢坚持马克思主义新闻观，排在党性原则之后，是第二个“牢牢坚持”。

新闻观是新闻舆论工作的灵魂，唯有自觉地以马克思主义新闻观为引领，才能确保新闻舆论工作能始终坚持正确的政治方向。因此，新闻战线要深入开展马克思主义新闻观教育，把马克思主义新闻观作为党的新闻舆论工作的定盘星，引领新闻舆论工作者按照党的要求去履行自己的职责和使命。

“正面宣传为主”，习近平在这次讲话中将其作为党的新闻舆论工作必须遵循的“基本方针”，重要性不言而喻。坚持正面宣传，就是要激发全社会团结奋斗、攻坚克难的强大力量，调动各方面的积极性、主动性和创造性，多传播正能量。在关于正面宣传的讲话中，习近平还阐述了正面宣传与舆论监督的关系，他指出，“舆论监督和正面宣传是统一的”，要求新闻媒体要直面工作中存在的问题，直面社会丑恶现象，激浊扬清、针砭时弊，同时发表批评性报道要事实准确、分析客观。

“正确舆论导向”，也是我国新闻工作一直在强调的，特别是江泽民提出的“福祸论”，更是把舆论导向的重要性强调到了极致。“正确舆论导向”也是这次以“新闻舆论工作会议”为名的会议要解决的核心问题，这从习近平总书记所概括的“六项职责和使命”中将“高举旗帜，引领方向”放在第一项就可以看出导向问题的重要性。

无数事实告诉我们，任何新闻报道都要讲导向，报什么、不报什么、怎么报，都包含着传播者的立场、观点、态度，都存在导向问题。党的新闻舆论工作要以传达正确的立场、观点、态度为己任，引导人们分清对错、好坏、善恶、美丑，激发人们向上向善的精神力量。另外，为了坚持好这一原则，习近平在讲话中还专门提出了“八个讲导向”，强调新闻舆论工作的各个方面、各个环节，包括各种类媒体、各报道形式、各新闻体裁、各报道范围，都要坚持正确舆论导向。这“八个讲导向”，具体包括“各级党报党刊、电台电视台要讲导向，都市类报刊、新媒体也要讲导向；新闻报道要讲导向，副刊、专题节目、广告宣传也要讲导向；时政新闻要讲导向，娱乐类、社会类新闻也要讲导向；国内新闻报道要讲导向，国际新闻报道也要讲导向”。这是一个全方位、全覆盖的要求，也是以前对新闻媒体不曾有过的严格要求。

习近平站在全局高度，从维护群众利益、社会利益和国家利益，净化社会环境、媒体环境和传播环境的立场出发，对新闻媒体的舆论导向问题，提出了涉及各个方面、各个环节的，以往所不曾有过的全面的、严格的要求。这些明确要求，为媒体导向设置了不能触碰的“政治红线”和不能逾越的“道德底线”，是各级各类媒体开展新闻舆论工作所需要遵守的基本纪律。

三、对党的新闻舆论工作职责使命作出新表述

“2·19”讲话除了对党的新闻舆论工作的性质地位作出定位之外，还对党的新闻舆论工作的职责和使命，以及新闻舆论工作者的职业身份和责任作出了明确定位。讲话用48个字定位了党的新闻舆论工作的职责和使命，即“高举旗帜、引领导向，围绕中心、服务大局，团结人民、鼓舞士气，成风化人、凝心聚力，澄清谬误、明辨是非，连接中外、沟通世界”。48字共分为六句话，代表的是“六项职责和使命”，高度凝练地对党的新闻舆论工作的职责和使命作了准确定位。六句话中有的是沿用过去的提法，如“围绕中心、服务大局”，但多数都是新提法，而且是全新的提法，如“成风化人、凝心聚力”“澄清谬误、明辨是非”等。应该说在以往党的领导人的相关表述中，没有如此周全的概括。

解读这“48字要求”，可以使我们全面认识、准确把握和深入理解党的新闻舆论工作的职责和使命。“高举旗帜、引领导向”，是指要高举马克思主义和中国特色社会主义理论的旗帜引领人民共同去实现党和政府所确立的奋斗目标。“围绕中心、服务大局”，是指要把“以经济建设为中心”作为新闻舆论工作的重心，并以其为依据做好新闻舆论工作和其他各项工作，来服务党和国家工作的大局。“团结人民、鼓舞士气”，是指要通过正面宣传，弘扬主旋律，传播正能量，把人民群众的劲鼓得足足的，团结全国人民共同去实现党和政府所确定的奋斗目标。“成风化人、凝心聚力”，是指要“形成风气”和“教化育人”，要使正风、正气蔚然成风，要启迪、教育和凝聚群众齐心协力，共同去实现美好的理想。“澄清谬误、明辨是非”，是指要对一切错误思想、社会弊端、腐败现象开展批评监督，要善于用事实说话，澄清各种谬误，帮助群众明辨是非，了解真相。“联接中外、沟通世界”，是指要搭建起中外沟通的桥梁，促进我国与世界各国人民的友好往来，要推进国际传播能力建设，努力讲好中国故事，传播好中国声音，让世界更好地了解中国，让中国更好地认知世界。

习近平在讲话中还用“四个者”，即“做党的政策主张的传播者、时代风云的记录者、社会进步的推动者、公平正义的守望者”，对党的新闻

舆论工作者的职业身份及责任作了定位。“四个者”全面概括了党的新闻舆论工作者的职业责任，说清了新闻舆论工作者是做什么的，或者说该做什么。按照这“四个者”，新闻舆论工作者应该热情宣传党的政策主张，并使之为群众所知晓、理解和接受；应该站在时代前沿、把握时代脉搏、反映时代精神、记录时代风云；应该成为社会主义事业的参与者，投身国家和人民的事业之中，运用新闻传播手段来推动社会进步；应该以“铁肩担道义，辣手著文章”的精神，敢于坚持真理，敢于伸张正义，主动为人民利益鼓与呼，撑起社会公平正义的蓝天。

这一基本定位也引申出习近平对新闻舆论工作者在职业素质、业务能力、道德修养等方面提出的一系列要求。如要增强政治家办报意识，在围绕中心、服务大局中找准坐标定位，牢记社会责任，不断解决好“为了谁、依靠谁、我是谁”这个根本问题；要提高业务能力，勤学习、多锻炼，努力成为全媒型、专家型人才；要严格要求自己，加强道德修养，保持一身正气；要转作风改文风，俯下身、沉下心，察实情、说实话、动真情，努力推出有思想、有温度、有品质的作品；等等。

总之，“六项职责和使命”和“四个者”，为党的新闻舆论工作和新闻舆论工作者确定了职责要求，使之明确了自己的工作责任和要求，这就为其履行使命，承担责任提供了明确方向。

四、对党的新闻舆论工作创新发展作出新部署

（一）实现创新发展

中央召开这次党的新闻舆论座谈会，最主要的目的就是要推动新闻舆论战线适应形势发展，积极改革创新，全面提高工作能力和水平。因此，增强创新意识，实现创新发展成为习近平讲话中十分强调的一个话题。

如今，在新媒体背景下，受众需求越来越多，参与意识越来越强，思想观念越来越多元，新闻传播呈现人人传播、多向传播、海量传播的特征，如果还是空洞说教、大水漫灌、千报一面，难免效果不彰。有鉴于此，习

近平在讲话中提出，党的新闻舆论工作必须“创新理念、内容、体裁、形式、方法、手段、业态、体制、机制”，以增强新闻舆论传播的针对性和实效性；而且还提出要尊重新闻传播规律，创新方法手段，切实提高党的新闻舆论传播力、引导力、影响力、公信力；同时还要适应分众化、差异化传播趋势，加快构建舆论引导新格局。

“2·19”讲话强调新闻舆论工作要从9个方面实现创新，说明了创新的重要性。因为唯有创新，才能实现新闻舆论工作的改革与发展，故此，新闻媒体要把实现创新发展作为自己的一项重要任务。新闻舆论工作的创新发展还必须“从时度效着力，体现时度效要求”。度的把握是舆论引导的大学问，舆论引导要精心把控、精准拿捏，恰如其分、恰到好处，力求实现好的效果。

（二）推动融合发展

习近平在讲话中还提出要主动借助新媒体传播优势，推动融合发展的任务，这也是实现新闻舆论工作创新的要求。新媒体技术在舆论传播方面有着许多独特的优势，从一定意义上说，它已经成为当今社会最为重要的创新力量。因此，我们要认真研究新媒体传播规律，研究在新媒体环境下受众信息接受心理和习惯的变化，要善于运用微博、微信等传播平台，形成实时采集、实时发稿的报道机制，加强短视频、微视频的创作生产，丰富报道形态，努力抢占第一落点。

总之，要充分借助新媒体的传播优势，着力推动媒体融合从“相加”阶段到“相容”阶段的转变，变简单叠加效应为深入融合效应，推动新型主流媒体建设，构建起新的舆论引导格局，以便在舆论引导中更好地掌控话语权，把握主动权，打赢舆论战，特别是要在网上舆论传播和引导中赢得主动。

（三）加强国际传播能力建设

近些年来，习近平基于世界全球化发展趋势，以及我们国家外交战略整体布局，对我国国际传播问题极为关注。在这次讲话中，他提出："要加强国际传播能力建设，增强国际话语权，集中讲好中国故事，同时优化战略布局，着力打造具有较强国际影响的外宣旗舰媒体。"应该说这是一项很重要也很艰巨的任务。

由于西方国家一些强势媒体长期主导着国际传播，我国在国际传播领域的话语权十分微弱，传播力非常有限，而由于信息流进流出的"逆差"、中国真实面貌和西方主观印象的"反差"、软实力和硬实力的"落差"，使得我国的国际传播常常处于"有理说不出、说了也传不开"的窘境。因此，必须下大气力加强国际传播能力建设，讲好中国故事，传播好中国声音，要善于讲故事，也要善于讲道理，以提升中国话语的国际影响力，形成与中国国际地位和经济实力相匹配的国际影响力。

这就需要努力增强我国国际传播的创新能力，要着力打造能够融通中外的新概念新范畴新表述，建立起中国自己的国际传播话语体系，通过有效的国际传播，让全世界听到并听清中国好声音，引导国际社会全面客观地认识和了解中国，塑造中国良好形象。同时，也要通过有效的传播让中国人民更好地认知和了解世界。

五、对新闻舆论工作队伍建设和党的领导提出新要求

（一）加强党的新闻舆论工作队伍建设

要做好党的新闻舆论工作，关键是人才和队伍问题。习近平认为，"媒体竞争关键是人才竞争，媒体优势核心是人才优势"，为此，他提出了"要加快培养造就一支政治坚定、业务精湛、作风优良、党和人民放心的新闻舆论工作队伍"的任务。"政治坚定、业务精湛、作风优良、党和人民放心"，这是对新闻舆论工作队伍的一个很高的要求。要实现这一目标，他要求新闻舆论工作者要增强政治家办报意识，在围绕中心、服务大局中找准坐标定位，牢记社会责任，不断解决好"为了谁、依靠谁、我是谁"这个根本问题；要提高业务能力，勤学习、多锻炼，努力成为全媒型、专家

型人才；要转作风改文风，俯下身、沉下心，察实情、说实话、动真情，努力推出有思想、有温度、有品质的作品；要严格要求自己，加强道德修养，保持一身正气；等等。

为了搞好队伍建设，他还提出要深化新闻单位干部人事制度改革，党政主管部门要对新闻舆论工作者在政治上充分信任、工作上大胆使用、生活上真诚关心、待遇上及时保障。“政治信任”“工作放手”“生活关心”“待遇保障”，这四方面都是与广大新闻舆论工作者切身利益密切相关的事情，习近平总书记都关照到了，这充分体现了党中央对新闻舆论工作者的关爱、体贴和支持。

习近平在党的新闻舆论工作会议上的讲话中还专门谈到新闻教育和新闻人才培养问题。他指出：“新闻院系的教学方向和教学质量如何，很大程度上决定着新闻舆论工作队伍素质。要把马克思主义贯穿到新闻理论研究、新闻教学中去，使新闻学真正成为以马克思主义为指导的学科，使学新闻的学生真正成为牢固树立马克思主义新闻观的优秀人才。”

党的最高领导人在重大会议的讲话中专门谈新闻教育问题，这在以往不曾有过，说明了习近平对新闻教育和新闻人才培养的重视。总书记的讲话为全国新闻院校搞好新闻教育，做好新闻人才培养工作指明了方向，确定了正确的路径和方法。我们一定要认真学好讲话精神，自觉地用马克思主义新闻观去统率新闻教学、理论研究和人才培养，努力实现“使新闻学真正成为以马克思主义为指导的学科，使学新闻的学生真正成为牢固树立马克思主义新闻观的优秀人才”的目标。

（二）加强和改善对新闻舆论工作的领导

新闻舆论工作的特殊性质和重要地位，决定了它必须置于党的领导之下，必须接受和服从党的领导。因此，要做好党的新闻舆论工作，核心问题是要坚持党管媒体的原则，加强党对新闻舆论工作的领导，这是摆在各级党委面前的一项重要任务。

习近平在讲话中在谈到党性原则问题时就指出了，“党的新闻舆论工作坚持党性原则，最根本的是坚持党对新闻舆论工作的领导”。后来，他又专门提出要“加强和改善党对新闻舆论工作的领导”，并且说这是“新闻舆论工作顺利健康发展的根本保证”。

无论时代如何发展、媒体格局如何变化，党管媒体的原则和制度不能变。党和政府主办的媒体必须姓党。不仅如此，党管媒体的原则必须得到全面贯彻，一切从事新闻信息服务、具有媒体属性和舆论功能的传播平台，都要纳入依法管理范围，这是事关国家意识形态安全、政治安全的大问题。

在谈到如何加强党的领导时，他首先要求各级党委要自觉承担起政治责任和领导责任。这就需要各级党委充分认识新闻舆论工作的重要地位，认识到党和政府主办的媒体是党和政府的重要舆论宣传阵地，自觉地加强对新闻舆论工作的领导。党委要把新闻舆论工作纳入工作议程，予以关心、指导和帮助，要对新闻舆论工作者在政治上充分信任、工作上大胆使用、生活上真诚关心、待遇上及时保障。在加强领导的同时还要不断改善领导方式，要按照新闻传播规律来指导新闻舆论工作，要做到“善待媒体”和“善管媒体”，鼓励和支持新闻舆论媒体的同志积极、主动和创造性地做好工作。另外，还要做到“善用媒体”，要增强同媒体打交道的能力，善于运用媒体宣讲政策主张、了解社情民意、发现矛盾问题、引导社会情绪、动员人民群众、推动实际工作。

习近平 2014 年 3 月在中央党校春季学期开学典礼的讲话中，就把“同媒体打交道的能力”作为领导干部要努力提高的六个方面能力中的一个。在这次讲话中，他再次强调领导干部要增强同媒体打交道的能力，要善于运用媒体来指导和推动工作，动员和宣传群众，影响和引导舆论。

各级领导干部要把同媒体打交道作为一项重要的执政能力，做到“善待媒体、善用媒体、善管媒体”，充分发挥媒体的积极功能，做运用媒体、驾驭舆论的能手。

六、对丰富发展马克思主义新闻观作出新贡献

“2・19”讲话是对马克思主义新闻观和中国共产党新闻舆论思想的丰

富、创新和发展，是当代马克思主义新闻观中国化的最新成果。

习近平讲话的主要理论贡献是：初步建构了党的新闻舆论工作理论的整体框架，全面阐述了“党媒必须姓党”的理论观点，深刻阐释了“党性和人民性相统一”观点的理论内涵。

（一）初步建构了党的新闻舆论工作理论的整体框架

习近平的讲话涉及新闻舆论工作的性质地位、职责使命、基本方针、重要原则、创新思路、融合发展、人才培养、队伍建设和党的领导等，可以说凡是新闻舆论工作中的重要理论和实践问题都谈到了。整个讲话内容全面、观点系统，初步建构起了党的新闻舆论工作理论的整体框架。这一理论框架扩展了党的新闻舆论理论体系和知识体系，充实了党的新闻舆论思想，丰富了马克思主义新闻观。

（二）全面阐述了“党媒必须姓党”的理论观点

“2・19”讲话的一个重要理论贡献，就是鲜明地提出了“党和政府主办的媒体是党和政府的宣传阵地，必须姓党”的观点，并且对其内涵作了全面的阐述。

“党媒必须姓党”的观点包含着丰富的内涵。其核心是必须坚持党性原则，而且强调，党的新闻舆论工作坚持党性原则，最根本的就是坚持党对新闻舆论工作的领导。这就为党的新闻舆论媒体明确了一个基本规则，即坚持党性原则，坚持党的领导。之后，讲话用三个“都要坚持”对如何做到“姓党”，如何坚持党性原则提出了具体要求，即“都要体现党的意志、反映党的主张，维护党中央权威、维护党的团结，做到爱党、护党、为党；都要增强看齐意识，在思想上政治上行动上同党中央保持高度一致；都要坚持党性和人民性相统一，把党的理论和路线方针政策变成人民群众的自觉行动，及时把人民群众创造的经验和面临的实际情况反映出来，丰富人民精神世界，增强人民精神力量”。

这个表述，充分展现了“党媒必须姓党”观点的理论内涵，也说明了对如何做到“党媒必须姓党”的实践要求。讲话强调党媒必须姓党，那么如何看党媒“姓党”与“姓民”的关系呢？有人因此提出是不是“人民就不重要了”，甚至有人担心媒体都“姓党”了，那么会不会出现没有“姓民”的媒体了，会不会导致党和人民的脱离呢？

“2·19”讲话集中谈的是党的新闻舆论工作，相对来说，涉及“人民”的论述显得少些。可是我们只要看看历史和现实就会发现，“人民”，在中国共产党的心目中始终被置于至高无上的位置，“为人民服务”历来都是共产党的最高宗旨。习近平把“以人为本”“以民为本”和“人民至上”作为党的执政理念，反复强调要树立以人民为中心的工作导向。其实，“2·19”讲话中也多次提及了“人民”。例如，在谈到新闻舆论工作的定位时，提出要做到“三个坚持”，即“坚持党的领导，坚持正确政治方向，坚持以人民为中心的工作导向”；在对中央主要媒体提出的希望中就有要“与党和人民同呼吸”的内容；在论述新闻舆论工作要做到“三个都要”时，就把“都要坚持党性和人民性相统一”与“都要体现党的意志、反映党的主张”和“都要增强看齐意识”相并列；在谈到队伍建设时提出要“建设党和人民放心的新闻舆论工作队伍”，而讲话中提出的新闻舆论工作者“要转作风改文风，俯下身、沉下心，察实情、说实话、动真情，努力推出有思想、有温度、有品质的作品”，也是站在人民的立场和角度谈的。

总之，讲话中涉及“人民”的内容并不少。特别是其中强调要“坚持以人民为中心的工作导向”，要“坚持党性和人民性相统一”，更是既有理论高度又有思想深度的重要表述。

（三）深刻阐释了“党性和人民性相统一”观点的理论内涵

“2·19”讲话的另一个重要理论贡献，是明确提出了党性和人民性相统一的观点，这是我国新闻界长期关注的一个重要理论和实践问题。

习近平在2013年8月19日在全国宣传思想工作会议上的讲话中就对这个问题作了充分论述。那次讲话他总共谈了七个问题，第三个问题就是“关于党性和人民性”，靠前的位置说明了这个问题的重要性。在“8·19”

讲话中，习近平明确指出："党性和人民性从来都是一致的、统一的。"他认为，我们党是全心全意为人民服务、代表中国最广大人民的根本利益、来自人民为了人民的马克思主义政党。因此从本质上说，坚持党性就是坚持人民性，坚持人民性就是坚持党性，党性寓于人民性之中，没有脱离人民性的党性，也没有脱离党性的人民性。

"2·19"讲话在重申要坚持党性和人民性相统一时，对如何处理党性和人民性相统一问题作出了新的阐释。讲话提出要"把党的理论和路线方针政策变成人民群众的自觉行动，及时把人民群众创造的经验和面临的实际情况反映出来，丰富人民精神世界，增强人民精神力量"。

以往，在我国新闻界关于党性和人民性关系问题的争论中，有一种观点认为，党性和人民性两者不可能做到一致和统一，即要想坚持人民性就难以坚持党性，而要想坚持党性也就无法坚持人民性。有人还进而提出，当党性无法代表人民性的时候，应该用人民性来替代党性，并由此得出"人民性高于党性"的结论。习近平强调"党性和人民性从来都是一致的、统一的"，这就从思想和理论上起到了以正视听的作用。

"2·19"讲话适时回应了新闻界对此问题的关切，从根本和源头上解决了对两者关系的认识误区，阐明了正确看待两者关系的理论前提，深刻解读和阐释了"党性和人民性相统一"的理论内涵，对丰富和发展马克思主义新闻观与中国共产党的新闻宣传及舆论思想作出了独特贡献。而"党性和人民性相统一"也成为习近平新闻舆论观中的一个核心观点。

综上所述，"2·19"讲话多方面体现了创新，体现了中国共产党对新闻舆论工作实践上的新总结新概括和理论上的新认识新表述，是马克思主义新闻观中国化的最新成果，需要我们认真学习，深刻领会，严格遵循和全面落实，以使新闻舆论工作更好地服务于人民，服务于社会主义，服务于党和国家工作大局。

“一带一路”文明圈与喜马拉雅文化廊道[①]

李希光

一、古丝绸之路文明圈

1990 年夏天，我作为联合国教科文组织丝绸之路项目的青年学者沿着丝绸之路一直走到今天，从沙漠路线、海上路线、草原路线，边走边写日记，整整 25 年。17 年前到清华大学做老师，开了一门“写在丝绸之路上的大篷车课堂”的研讨课，带着学生在丝绸之路沿途教学、上课、读书，直到今天共写了 16 年的笔记，并将这些日记整理出版了长达 1600 页的书籍《写在亚洲边地——改变清华学子一生的大篷车课堂》（清华大学出版社，2015 年）。

丝绸之路究竟是什么？为什么叫丝绸之路？从张骞、安世高、法显、宋云、玄奘、慧超，这些丝绸之路的先行者和记录者，他们并不知道这条路叫“丝绸”之路，丝绸之路是一百多年前德国地理学家李希霍芬命名的。据《史记》记载，张骞及其使团出西域时，不仅到了今阿富汗的大夏，还到了位于大夏西南的今巴基斯坦的信德省。张骞通西域，打通了河西走廊，建立了西域都护府，张骞使团穿过兴都库什山、喜马拉雅山到了大夏和今

① 本文是清华大学国际传播研究中心主任、博士生导师，联合国教科文组织全球媒介素养与跨文化对话教席负责人李希光教授于 2016 年 3 月 27 日在西藏民族大学“藏秦讲堂”（第 2 期）的讲学内容，经李希光教授审阅定稿。

天的巴基斯坦信德省。这是中国第一次把战略触角伸进中亚，并通过河西四郡和西域都护府控制了新疆，影响了今天的阿富汗和巴基斯坦这一带的中亚。通过实现对中亚的治理，带来了大汉王朝的稳定和繁荣。

中国在丝绸之路上的第二次崛起是唐朝。中国在唐朝，在丝绸之路上走得更远，治理和影响的范围更大。唐朝势力范围超越天山、帕米尔高原、兴都库什山和喀喇昆仑山，以库车为中心，设立了安西四镇，最西边的是在今天吉尔吉斯斯坦境内的碎叶城。郭沫若考证，那里是大诗人李白的出生地。唐朝大将军高仙芝率领远征队穿越帕米尔高原，走过河西走廊，征服了今天的克什米尔、阿富汗和乌兹别克斯坦这些地区。高仙芝的故事很有意义。2000 年前，亚历山大大帝受兴都库什山和喀喇昆仑山阻遏，虽然占领了阿富汗，但没能打进中国。近代，人们总是说阿富汗历来都是帝国的坟场，从沙俄到维多利亚的英国、到苏联红军，到“9·11”后的美国，帝国主义国家没有一个不是葬身阿富汗的。

清朝是中国在丝绸之路上的另一次伟大的崛起。“崖山之后无中国，明朝之后无华夏”这句话可能让中国人不快，但是，如果不是清朝把中原王朝带回新疆，重新获得中亚治理权，中国的版图也就是明朝大小。美国学界和日本学界常说南宋和明朝是中国最好的朝代，但是南宋和明朝多是被界定为单纯的汉族国家。明朝把中国西部边界定在嘉峪关，把敦煌划在了关外。到了清朝，乾隆收复新疆，并“旧土新归”把西域命名为新疆。通往喀什、阿富汗、印度和克什米尔的瓦罕走廊、喀喇昆仑山口、墓士塔格山口和通往安集延的乌鲁克恰口岸一直到 20 世纪初都是开放的。

汉朝、唐朝和清朝在丝绸之路上有三次崛起，我把中国在丝绸之路崛起的这个椭圆形称之为“丝绸之路文明圈”。“丝绸之路文明圈”在地理上集中在中国边疆最西部——帕米尔高原地区。帕米尔在伊朗语里的意思就是“世界屋脊”，这里是喜马拉雅山、喀喇昆仑山、昆仑山和兴都库什山聚首的地方。自古以来这个地方是丝绸之路必经之地。从地图上看，在中世纪亚洲的古代商道，密密麻麻的交通线、商道都集中在中国最西边的帕米尔地区。从中国在丝绸之路崛起的过程看，汉朝张骞通使西域，远征匈奴的多次战争发生在新疆帕米尔；唐朝丝路繁盛时期，唐朝最有名的远征丝绸之路的大将军高仙芝率军作战，主要的战争都发生在帕米尔及其周边地区，也就是今天的克什米尔、阿富汗、乌兹别克斯坦。通过研究发现，“丝绸之路文明圈”是一个多个国家民族血脉相通的文明圈，是一个多个国家语言相通的文明圈，是一个多个国家共享信仰的文明圈，是一个多个国家有共同文化遗产的文明圈，是一个山水相连的文明圈，是一个历史上与中国有朝贡关系的文明圈，是一个山口、道路、口岸相通的文明圈，是一个在经济上与中国高度互补的文明圈。当然，今天这里很多地方还是未开发的、原生态的、世外桃源式的文明圈，例如位于巴基斯坦喀喇昆仑山的罕萨地区、兴都库什山的斯瓦特地区，以及位于阿富汗、中国、巴基斯坦和塔吉克斯坦四国交界的瓦罕走廊地区。

班固所著《汉书·西域传》不仅报告了中亚、西亚和罗马的社会政治情况，还准确地记录了葱岭、兴都库什山、喀喇昆仑山和阿姆河的地理方位，记录了玉门关以西的新疆到今巴基斯坦的中巴走廊和周边的丝绸之路古城至唐朝在新疆的管辖机构——都护治所多少里、至阳关多少里。这些信息都是前人用脚丈量出来的：“大夏本无大君长，城邑往往置小长，民弱畏战，故月氏徙来，皆臣畜之，共禀汉使者。有五翕侯：一曰休密翕侯，治和墨城，去都护二千八百四十一里，去阳关七千八百二里；二曰双靡翕侯，治双靡城，去都护三千七百四十一里，去阳关七千七百八十二里；三曰贵霜翕侯，治护澡城，去都护五千九百四十里，去阳关七千九百八十二里；四曰肸顿翕侯，治薄茅城，去都护五千九百六十二里，去阳关八千二百二里；五曰离附翕侯，治高附城，去都护六千四十一里，去阳关九千二百八十三里。凡五翕侯，皆属大月氏。”我在清华大学所开课程“写在丝绸之路上的大篷车课堂”，每年暑假小学期上，两个学分，两周的课程。这门课已经上了16年了，是学古人，带着学生在亚洲边地古丝绸之路边走、边读书、边上课、边写作。最后简单向大家报告一下2015年暑期我率领清华学生远征中巴经济走廊的故事。

中巴经济走廊从喀什到白沙瓦，这是中国人最早出国留学所走的道路。

习近平总书记提出“一带一路”倡议，“一带”指丝绸之路经济带，即从我们所在的西安出发，经由河西走廊，路过新疆、中亚、海湾地区，或经过乌兹别克斯坦、哈萨克斯坦等等一直到达欧洲；“一路”就是 21 世纪海上丝绸之路，主要经过东南亚、缅甸、孟加拉、印度、斯里兰卡、巴基斯坦等进入地中海等海湾地区。“一带一路”沿途涉及众多国家，不可避免地面临一些问题，也给我们带来重大的历史机遇和挑战。我们发现，“一带一路”有一个节点，也就是“一带”和“一路”之间有个走廊，它是连接另外两条干线的地方，这个节点所在区域正是古代中国征服西域的制高点——帕米尔地区。

2015 年暑期，我率领中巴文化走廊考察队来到喀喇昆仑山罕萨河谷的断崖考察。在这个高高的悬崖上面有块巨大岩石，上面有一处在古丝绸之路上唯一看到的一句汉字石刻的文字“大魏使谷魏龙今向迷密使去”。谷魏龙是谁，史书没有记载。但是短短的 12 个汉字包含着有关丝绸之路的大量历史地理和外交信息。《魏书》中有关“迷密国”的文字是：“迷密国，都迷密城，在者至拔西，去代一万一千六百里。正平元年，遣使献一峰黑橐驼。其国东有山，名郁悉满，山出金玉，亦多铁。”北魏时期，中国与西域和中亚来往密切，在佛教上，开辟的摩崖石窟深受包括犍陀罗在内的印度佛教艺术影响，其中著名的有莫高窟、云冈石窟、龙门石窟、麦积山石窟等。这些石窟寺有数以万计的佛像，成为世界艺术宝库。北魏时期的主要宗教是佛教和琐罗亚斯德教。这两种分别源自北印度和伊朗的宗教表明当时的中国与葱岭南部和西部国家有着密切文化交往。迷密国是粟特人国家，位于今天乌兹别克斯坦撒马尔罕附近。当丝绸之路开通贸易时，粟特人的国家成为丝路贸易中心。粟特人利用位于河中地区的位置，贸易不仅到了新疆的绿洲城市，还到了北魏的都城洛阳，成为丝路商人中最富有的人，迷密国附近的撒马尔罕最终成为中亚最富有和辉煌的大都市。北魏时，波斯萨珊王朝还遣使来华，此后直到西魏，信使往来不断。

从汉朝、唐朝和清朝中国在丝绸之路上的崛起看，中华民族的前三次复兴与中国的三次崛起都是围绕克什米尔、阿富汗、巴基斯坦、中国的新疆、乌兹别克斯坦、中亚和中东展开的。美国前国家安全助理布热津斯基以这个地区为中心，划了一个“椭圆形”，这个椭圆形内的国家正是欧亚大陆上石油及各种矿产资源丰富、宗教激进主义兴盛、地缘战略位置重要，而政治宗教问题却极度复杂的地区。从中国的油气管道图来看，今天中国的大城市、沿海城市，从北京、天津、上海到香港，这些城市的天然气基本上都是来自于包括中亚五国在内的西气东输。通过四条线路将哈萨克斯坦的石油管线、土库曼斯坦的天然气管线，西气东输、西油东输，到达我们中国的沿海地区，而这些密密麻麻的管线与古代的丝绸之路基本上是重合的，古今中外所有历史地图的中心指向，正在“一带一路”的中心区，被称为“中国的管道斯坦”。而这个椭圆形的核心区正是中国前三次崛起征服或治理的核心地带。

关于大丝绸之路文化圈的构想，就是通过研究古代丝绸之路的贸易和文化，发现大丝绸之路文化圈承载着多样的东方文化，包括两方面内容，一方面是宗教内容，一方面是文化内容。所谓宗教就是儒教、佛教、道教、伊斯兰教、印度教、拜火教、萨满教、东正教，这都是现实存在的。所谓文化就是基于这些宗教的中国文化、阿拉伯文化、印度文化、希腊文化、波斯文化、突厥文化、俄罗斯文化、蒙古文化。

二、“东西双向开放”与建设“一带一路”文明圈

中国共产党第十八届中央委员会第五次全体会议审议通过的《中共中央关于制定国民经济和社会发展第十三个五年规划的建议》有三点引起我的思考：一是“积极参与全球经济治理和公共产品供给，提高我国在全球经济治理中的制度性话语权，构建广泛的利益共同体”；二是“完善对外开放战略布局，推进双向开放，推进‘一带一路’建设，推进同有关国家和地区多领域互利共赢的务实合作，推进国际产能和装备制造合作，打造陆海内外联动、东西双向开放的全面开放新格局”；三是“加快文化改革

发展,加强社会主义精神文明建设,建设社会主义文化强国”[①]。其中的“制度性话语权”“东西双向开放”和“建设社会主义文化强国”应该成为我们思考“一带一路”文化建设的关键词。

从“东西双向开放”看，习近平同志倡议的“一带一路”包括“丝绸之路经济带”和“21 世纪海上丝绸之路”。“丝绸之路经济带”倡议是向西，经过中亚、西亚、东欧，一直延伸到西欧。“21 世纪海上丝绸之路”从中国东部沿海经南海连接东盟后进入印度洋，然后再往西连接中东、非洲和欧洲。

“东西双向开放”等于重新定位中国的地缘政治关系。按照“一带一路”的构想，中国既是一个中亚国家，也是一个印度洋国家。作为一个印度洋国家，从新疆到印度洋的距离比从新疆到北京的距离还要近。考虑到中国—东盟泛亚铁路、孟中印缅走廊、中巴走廊和青藏铁路，印度洋将成为界定中国的新的地理视角。

“东西双向开放”，通过“一带一路”倡议，中国还将变成一个中亚国家。“一带一路”以西域为中心重新界定中国与世界。我们不再是站在太平洋岸边看世界，不再以深圳和上海为视角看世界。而是以西域为出发点，站在天山或帕米尔的雪山上看世界，构思“一带一路”文明圈：那是一个突厥、阿拉伯、波斯、俄罗斯和汉文化并存、交流、重叠、融合的文明带。

“东西双向开放”将加速形成“一带一路”经济带。“一带一路”沿线 64 个经济体的贸易额在中国贸易总额中的占比从 2001 年的 16.2% 增加到 2014 年的 26%。自 2001 年以来，与这些国家的贸易额已经增长了 22.2%，这比中国贸易总额的增长率高出 4.4 个百分点。中国希望通过“一带一路”，带动全球经济进入一个新经济时代、新经济体、新经济带：从“跨太平洋时代”“跨大西洋时代”到“亚欧时代”，从“跨太平洋经济体”“跨大西洋经济体”到“亚欧经济体”，形成“一带一路”经济带。

---

① 授权发布：《中国共产党第十八届中央委员会第五次全体会议公报》，新华社，2015 年 10 月 29 日。

近现代以来，以大西洋海上贸易路线和太平洋贸易为纽带形成的“跨大西洋经济体”和“跨太平洋经济体”，承载着全球最大的经济活动总量。今天，以中国为中心的东亚区域已成为世界经济的新中心，“一带一路”将联通东亚、中亚、西亚与欧洲，成为全球经济新增长动力，全球经济合作将进入“亚欧时代”。“一带一路”将欧洲经济圈、亚太经济圈这当今世界最具活力的两大经济圈连接起来，成为未来世界最具发展潜力的世界经济走廊，极大地改变世界经济地理布局。海湾国家的稳定，特别是扼守亚丁湾的也门和索马里的和平对中国的能源供应和贸易往来至关重要。

“一带一路”作为对于来自太平洋压力的最优对策，是中国的战略觉醒，是基于自己的国家利益制定的国际战略。通过亚欧大陆和印度洋联盟，形成一个中国生存的更大空间，平衡“跨大西洋联盟”和“跨太平洋联盟”对中国的遏制。在大棋盘上，中国走了一步好棋。

三、“制度性话语权”与“建设文化强国”

从提高“制度性话语权”看，中国要建成“一带一路”经济带，需要建成一个拥有自己的文化圈、文明圈和文化势力范围的“文化强国”。

中国经济增长连续37年高速而不间断，人均GDP增长30倍。2014年的GDP增长速度尽管只有7.4%，是20年来最低的，但是，其增长量等于半个印度或半个俄罗斯一年的GDP①。中国作为第二大经济体和未来的第一大经济体，如果不参与新规则制定，就没有更多优势。中国在世界银行、亚洲发展银行都没有发言权，美国有一票否决权。亚投行的出现，是中国开始撼动世界现有地缘政治经济的里程碑。而“一带一路”倡导的合作原则是“和平合作、开放包容、互学互鉴、互利共赢”的丝绸之路精神，倡导文明宽容，尊重各国发展道路和模式的选择，加强不同文明之间的对话。

中国要提高“制度性话语权”，首先要破解美国对中国的政治、思想和文化围堵。中国与“一带一路”国家，特别是与周边国家丧失了紧密的

① 姚树洁：《亚投行是中国撼动世界地缘政治的里程碑》，《人民论坛》2015年第12期。

命运共同体（如一直延续到近代的朝贡体系。我最近在喀喇昆仑山罕萨王宫里看到的民国二十年喀什道尹为坎巨提供差颁布的公告），在“一带一路”国家，特别是周边国家会没有自己的政治和文化势力范围。一方面，中国在“一带一路”国家，特别是周边国家没有自己的军事盟国，在海外没有军事基地（唐朝在西域设有安西四郡）保护“一带一路”的安全畅通。美国依赖军队和在全球设立的900多个军事基地来保护美元的国际地位。军费仅有美国六分之一的中国怎样在占全球陆地面积三分之二的“一带一路”沿线地区捍卫自己公路、铁路、电站和其他基础设施中数以千亿美元计的投资呢？另一方面，在文化上、思想上和意识形态上，中国与“一带一路”国家，特别是周边国家失去了几千年来与日本、朝鲜、越南、泰国、缅甸那种“中国—边地”的二级文化结构，而美国在思想上和意识形态上却与中国的大多数周边国家形成了“美国—边缘”的二级文化结构。今天的美国对联合国和世界贸易组织等的兴趣越来越小，早已经把重点转向联盟建设，包括军事同盟（如美日同盟）、经济同盟（如TPP）和政治同盟（“民主国家”同盟）。美国为巩固其全球领导地位，通过“颜色革命”等手段，加快蚕食苏联解体后的欧亚大陆碎片化区域，许多“一带一路”沿线国家是美国的盟友或有美军基地，在政治外交、军事经济战略上对中国推进“一带一路”形成巨大障碍。美国领导的政治同盟是建立在二元对立的世界观上的。这种世界观把世界简单地分为民主国家和非民主国家，而这两者之间是不平等的。一个国家如果是西方国家、是民主国家，那就是“我类”；如果不是，那就是“异类”。

中国最终在“一带一路”上的崛起，必须是以一个文化强国的姿态崛起。历史上，每一个帝国崛起都有与它崛起相关的全球化地带和文化影响圈——治理的最远边疆、交通运输所能到达的最边区、宗教文化所影响的最远边地、贸易所达的最远国家。亚历山大帝国的崛起：军事、文化艺术、佛教；贵霜帝国的崛起：军事、佛教文化艺术；波斯王朝的崛起：军事、驿道、贸易、拜火教；唐王朝的崛起：军事、贸易、丝绸、儒教、佛教；阿拉伯王朝的崛起：军事、贸易、伊斯兰教；成吉思汗的崛起：军事、驿道、贸易、佛教、道教、伊斯兰教。

中国历史上有过两次伟大的崛起：汉朝和唐朝。在汉朝，张骞通西域，到大夏寻求恢复与月氏的军事联盟，波斯高僧安世高来中国传播佛教。随后，东晋派出中国第一位高僧法显去西天极乐世界——白沙瓦和塔克西拉学经；北魏又派出使臣谷魏龙经过罕萨，出使撒马尔罕。到了唐朝，更多的唐朝高僧经过瓦罕走廊、喀喇昆仑，沿着印度河来到斯瓦特、白沙瓦和塔克西拉，求取佛教真经。

在“东西双向开放”的思路下，实施“文化强国”战略，标志着中国与周边国家和更远的国家建立一种新型的关系。从辛亥革命以来被动性地融入世界秩序，转入今天主动布局，将自身发展与塑造一个新的世界秩序结合到一起。“东西双向开放”下的“文化强国”建设的目标，不仅是中国与“一带一路”国家形成一个地缘政治合作体、地缘经济合作体，更大的目标是中国与“一带一路”国家形成命运共同体、安全共同体、利益共同体、文化共同体和价值共同体。

自古以来，从古代高僧、商队，到西方探险家，往来丝绸之路多走喀喇昆仑山和兴都库什山之间的瓦罕走廊。但是，除了法显、宋云、玄奘和斯坦因等中外旅行家留下的文字外，很难找到更多的书籍。2015 年暑期我带学生去阿姆河和帕米尔上课前，在家里的旧书箱里，翻出一本苏联时代的小说《朱拉》，这本小说写的是 20 世纪 20 年代帕米尔高原古商道上的故事。读到小说 156 页，看到吉尔吉斯老族长取出他用红宝石从喀什商人手中换来的《禹贡》寻求占卜，我困惑了。为什么中国商人要带《禹贡》去荒寂的葱岭西部做生意？翻开《禹贡》，发现这部 2000 多年前的经典讲的是最古老的地缘政治、周边外交和软实力外交：天子所在都城外 500 里称甸服，靠征税治理；甸服外五百里称侯服，即内臣，靠分封诸侯实行政治控制；侯服外五百为边疆地区，称绥服，即外臣，为少数民族边疆地区，靠教化和军事控制；绥服外 500 里称要服，即朝贡国家，为周边国家，靠政治、军事和文化同盟治理；绥服外 500 里，为荒服，为蛮荒之地，古称戎狄蛮夷，让其放任自流的地方。包括中国、巴基斯坦、阿富汗、塔吉克斯坦、吉尔吉斯斯坦、伊朗、哈萨克斯坦、土库曼斯坦在内的古丝绸之路文明圈应该属于《禹贡》里描绘的绥服和要服地区，中国跟这个地区的关系维持需要文化影响和政治军事结盟。我带学生去阿姆河、天山西段、瓦罕走廊、帕米尔高原和喀喇昆仑山上课，发现帕米尔高原绝不是荒服之地。帕米尔高原不仅是天山、兴都库什山、昆仑山和喜马拉雅山的汇聚之处，更是丝绸之路上的中亚、西亚、南亚文化交通要道和十字路口。例如，古丝绸之路上的“河中地区”的母亲河阿姆河发源于帕米尔高原。两千多年来，该地区孕育了多个中亚王朝和汗国，如阿契美尼德、大夏、萨珊、萨曼、花剌子模、察合台、帖木儿、布哈拉和浩罕等。

建设“一带一路”文明圈，等于重塑中国地缘政治与地缘文明圈。丝绸之路不仅是商业通道，而且是人类社会交往的平台，多民族、多种族、多宗教、多文化在此交汇融合，丝绸之路不仅是一条“经济带”，也是一条“文化带”。新丝绸之路大国博弈的赢家，不仅是“一带一路”的经济领导者，也必须是“一带一路”的文化领导者。

四、文化共同体与价值共同体

“一带一路”文明圈是多样、共存、包容、共赢，跟哥伦布发现新大陆的那种文化清洗和种族屠杀文化完全不一样。2500 多年来，贯通亚欧大陆的丝绸之路文化是基于沙漠、绿洲、草原、游牧、高原为生活基础的特色文化，丝绸之路上的那些古老民族、文化、宗教，今天还健在。至今伊朗还有 2 万多拜火教信徒，伊朗议会里还保持着拜火教信徒的席位。丝绸之路文化崇尚自然、天人合一、热爱生活。比如北方草原图瓦人和蒙古人的呼麦、突厥人的沙漠绿洲歌舞。

丝绸之路文化自古以来是多国共同维护、扶植的文化。例如，从伊斯坦布尔、大马士革、伊斯法罕、希瓦、布哈拉、撒马尔罕、安集延、奥什、喀什、和田、敦煌，到西安，一条长达几千公里的商道文化和商旅客栈文化带。丝绸之路欧亚陆路衰败不完全是海上丝绸之路开通导致的。19 世纪后半叶开始，由于英国与沙俄在中亚、西亚、南亚大国博弈，大国为了自身的利益，重新划分边界，在传统的丝绸之路的通道上，设置了人为的障碍。例如，英俄对瓦罕走廊边界的划分，把 2000 多年来的中国、印度、阿富汗、中亚和西亚的最大通道阻隔了。

按照习近平总书记提出的“一带一路”建设的政策沟通、道路联通、贸易畅通、货币流通、民心相通的五通目标[①]，通过“一带一路”文明圈的投入与建设，争取与丝绸之路经济带国家建成命运共同体、安全共同体、利益共同体、文化共同体和价值共同体。有人疑问中国文化的主要元素儒教和佛教都是无神论，如何与信奉一神教的国家建成文化和价值共同体？中华文化是世界上唯一没有中断的文化，这是因为其核心是中正平和，崇尚自然，追求和谐，不走极端，不搞民族斗争和宗教战争，这是一个唯一能够团结丝绸之路不同文明、民族和宗教信仰的文化。

通过“一带一路”文明圈建设文化强国，不是宣传中国中心论。“一带一路”沿线上很多国家都很为自己民族的文化、宗教、建筑、艺术、历史、领袖和社会制度骄傲。但是，中国要清晰、独到地表述中国的核心价值观是什么，要让“一带一路”沿线国家看到的中国价值和中国梦，不是狭隘地局限在中国。中国在“一带一路”倡导的中国价值和中国梦应该是每个人都想实现和都能实现的。中国需要设计一个能给人留下记忆的核心价值，便于在“一带一路”国家中传播。孔夫子的价值观是“仁义礼智信”，毛泽东的价值观是“为人民服务”，“一带一路”上的中国价值观一定要简单易记。

中国丝路文化价值用汉字“和”“仁”二字概括，更容易被“一带一路”国家理解和记住。“和”可以概括个人世界观、家庭观、社会观、国家观和天下观最美好的一面，如和美、和睦、和谐、温和、祥和、和气等。“仁”是人与人之间、邻里间、民族间、宗教间、国家最为高尚的价值观，如仁义、仁爱、仁政、一视同仁、宽仁大度、大仁大义等。“和”和“仁”

---

①《结束中亚之行离开比什凯克，习近平主席回到北京》，《人民日报》2013 年 9 月 14 日。

不仅很好地表达了习近平同志有关新型国际关系的合作共赢的义利观，更可以创新性地翻译成简单易懂、朗朗上口的英文句子，便于对外传播。“和”根据其文字结构和字面意义，可以翻译成“Eat and let eat”（自己吃，也让别人吃）；“仁”根据其文字结构和字面意义，可以翻译成“Live and let live”（自己活，也让别人活）。“和”和“仁”深刻表达了周恩来提倡的“和平共处原则”和习近平提出的“命运共同体”。各国之间必须坚持合作共存、相互关爱、合作共赢、共同发展、共享发展成果，让“一带一路”成为沿途发展中国家共同富裕、共同繁荣的康庄大道。“和”“仁”还意味着大国要尊重各国自主选择的社会制度和发展道路，反对大国为一己之私到别的国家和别的地区以各种借口制造对抗、制造冲突、制造流血、制造战争。

五、连接“带”与“路”的喜马拉雅山文化廊道

最后讨论一下连接丝绸之路经济带与 21 世纪海上丝绸之路的喜马拉雅文化廊道。

连接丝绸之路经济带和 21 世纪海上丝绸之路的廊道有三条，分别穿越喜马拉雅山西段、中段和东段：喜马拉雅西段廊道：中巴经济走廊；喜马拉雅中段廊道：中国—尼泊尔铁路；喜马拉雅东段廊道：印中孟缅走廊，位于孟加拉国的吉大港是印中孟缅走廊通向南亚的终点。

我带着学生在过去两年里，部分完成了喜马拉雅东西两条文化廊道的考察。

2015 年夏天，我带领由清华大学博士生、硕士生和犍陀罗佛教艺术方面的著名学者等 17 人，从新疆喀什出发，经过 8 天 2000 公里的旅行，边考察、边读书、边研讨，穿过公格尔雪山、慕士塔格雪山、兴都库什山、喀喇昆仑山和喜马拉雅山，探访了塔什库尔干、罕萨、吉尔吉特、白沙瓦、塔克西拉等中巴经济走廊上的古路上的重要遗迹，为建设中巴经济走廊上的人文项目做了前期考察。在 20 世纪，已故巴基斯坦丝绸之路学者、联合国教科文组织丝绸之路项目首席科学家丹尼教授对巴基斯坦北部山区

丝路古道做过完整细致的考察。1990 年，我作为联合国教科文组织丝绸之路项目青年学者，跟随丹尼教授考察过新疆境内的丝绸之路。但近百年来，还没有学者完整地跨境考察中巴丝绸之路全线。在塔什库尔干，远征队登上海拔 3000 多米的拜火教祭坛。这是中国社科院考古学家发掘的世界上最早的拜火教遗址，这表明，帕米尔高原在 2500 年前就是东西方文明交流的十字路口。考察队来到中国西部的最尽头，走进中国与阿富汗边境的瓦罕走廊，考察了东行传佛第一人安世高、西行学法第一人法显、求法高僧宋云、玄奘、慧超走向印度的经行处。考察队还考察了唐朝大将军高仙芝征服中亚和克什米尔的经行处。考察队翻越海拔 5100 米的红其拉甫山口，来到印度河源头，沿着印度河左岸半山腰凿空的古驿道和印度河右岸的喀喇昆仑公路采访考察。在喀喇昆仑山里被称为世外桃源的罕萨山谷的印度河边悬崖上的一块岩石上，考察队看到了“大魏使谷魏龙今向迷密使去”12 个汉字。这个石刻证明，公元 5 世纪，中国的使节、商人跟中亚最重要的丝路国家粟特王国是通过喀喇昆仑山的驿道长途跋涉相互往来的。在白沙瓦和塔克西拉，考察队考察了被称为古代中国高僧“西天取经”的贵霜帝国时代的犍陀罗佛教文化遗存。在犍陀罗，诞生了世界上第一尊佛像，这尊佛像是马其顿国王亚历山大东征留在北印度的后裔按照希腊神像塑造的。中国的佛像造像艺术，都是从犍陀罗地区通过新疆传入中原的。巴基斯坦总统侯赛因会见我们时说：“这次考察路线贯穿中巴经济走廊和丝绸之路经济带的重中之重位置，考察成果丰富，意义重大，反映了‘一带一路’在文化多样性上的共同性。”

2016 年冬天我带着学生考察了海上丝绸之路的重要港口城市——位于孟加拉湾的加尔各答和吉大港。到了吉大港后，我们沿着孟加拉与印度东北部的山区特里普拉特邦的国境线前行，到孟加拉东南部考察唐僧记载的三摩呾吒国，玄奘公元 640 年游历过这个地区。车从北往南，沿着 18 公里的摩伊纳摩提山麓，依次坐落着 50 多座古老的佛教寺院遗址。其中的鲁班寺的佛塔建在一座十字形祭坛建筑之上。十字形佛教建筑通常在塔身四方雕刻四方佛，以佛塔自身作为大日佛的象征，共同形成金刚界曼荼罗五佛信仰系统。曼荼罗佛塔源于孟加拉，盛于尼泊尔，后传入西藏，并出现在唐卡中。这种十字形佛教建筑影响了西藏、缅甸、印尼、柬埔寨、泰国等地的佛教建筑。例如，加德满都博达佛塔、西藏的桑耶寺、敦煌465窟的窟顶与窟室四壁的壁画、柬埔寨的吴哥窟、爪哇的婆罗浮屠佛塔和西藏古格时期的托林寺朗巴朗则拉康等都是曼荼罗式的建筑风格。

离开三摩呾吒，我们继续往北，经过达卡，跨过贾木纳河，进入孟加拉北部地区，前往孟加拉北部博格拉地区一个名叫帕哈普尔的村子。玄奘法师在那烂陀大学学成后，游学到了大乘佛教兴起的孟加拉，玄奘在帕哈普尔村，看到了索马普拉大寺院（Somapura Mahavira），那里曾经是喜马拉雅山脚下最大的佛教圣地。

通过这两条廊道发现，连接丝绸之路经济带和21世纪海上丝绸之路的喜马拉雅山廊道是一个多个国家民族血脉相通的文化廊道，是一个多个国家语言相通的文化廊道，是一个多个国家共享信仰的文化廊道，是一个多个国家有共同文化遗产的文化廊道，是一个山水相连的文化廊道，是一个山口、道路、口岸相通的文化廊道，是一个在经济上与中国高度互补的文化廊道。这里是西方崛起之前的古代世界，是古代中华影响世界的地方，也是世界影响中华的地方。这里的很多地方是一个未开发、原生态、世外桃源型文化圈。

但是，应该看到，这个地区有的国家对中国“一带一路”还是有误解和疑虑的，其中的主要误解有三个：1）中国是“一带一路”的总设计师；2）中国是“一带一路”的资助者；3）中国是“一带一路”的总承包商。有的国家对“一带一路”和南亚廊道建设还存有一些疑虑和疑问：“一带一路”是新殖民主义之路，还是共同富裕之路？是绿色之路，还是污染之路？是大企业机会，还是中小企业的机会？“一带一路”会不会成为当地国家的财政负担？中国在“一带一路”及南亚走廊建设中面临着三个挑战：一是西方国家对“一带一路”的疑虑；二是大国和地区大国在这个地区的博弈，例如，在孟加拉国的吉大港和斯里兰卡科伦坡海港城的建设和投资中，某大国都曾给孟加拉国和斯里兰卡施加压力。日喀则—加德满都铁路的建设也将面临着印度对尼泊尔的政治压力和干预；三是这个地区的边界争端，如中国与印度在藏南、克什米尔的领土争端；四是这个地区有的国家长期存在政局风险和安全风险。

六、复杂化、精细化的“一带一路”文化倡议

中国外交政策的目标是建立新型国际关系和新型大国关系。这也应该是“一带一路”文明圈的目标、立场、议程和框架。“一带一路”文明圈的建设应该是一种复杂化、差异化、精细化和国别化的文化大战略。

丝绸之路文化有其千年不变的共同文化，如商旅客栈文化、巴扎文化，但更要看到丝绸之路文化是多样化的文化。“一带一路”上的文化传播应该细致入微，一国一策，一对一交流、面对面交流、项目对项目交流。“一带一路”很多国家处在全球最为严重的争端地带：战略枢纽地带、民族冲突地带、宗教重叠地带、能源密集地带。“一带一路”的南亚国家可细分为经济资源型国家（阿富汗）、地缘政治型国家（巴基斯坦）和多民族多宗教型国家（印度）。我们在“一带一路”文化建设上，既要看到大国对经济资源富饶的伊斯兰国家的垂涎，也要看到在大国博弈中，其中有的国家的地缘政治资源的价值远远高于其经济资源的价值。

从古丝绸之路地理分布看，沿线各个国家虽有自身的文明传统，但是，以中巴经济走廊和孟中印缅走廊为核心的“一带一路”喜马拉雅文明圈是一个没有太多异质文明的组合体，如帕米尔走廊、天山走廊、兴都库什走廊、喀喇昆仑走廊等。包括中国、印度、巴基斯坦、尼泊尔、孟加拉、斯里兰卡和阿富汗等在内的广大丝绸之路国家都是非西方文明国家，这些国家更强调文化的亲缘性和共同的历史命运。从古到今，这里是大国博弈和谋取控制世界的地方。近代，这里的国家和人民被迫对强势的西方文明作出回应，并在该过程中艰难地塑造新的国家认同、政治认同和文化认同。

由于“一带一路”在地理上夹在多种文明体系中，“一带一路”文明圈是一个独特的跨多种文化的文明体系。“一带一路”文明圈需要一个更具有包容性和普遍性的意识形态支撑，即政治和文化上的多极化，尊重历史和传统。“一带一路”文明圈不从单一的意识形态和宗教出发，不鼓励

引发冲突和暴力的二元对立的意识形态。“一带一路”文明只有回归、复兴古丝绸之路多样化的文化，才会平等相待、相互尊重、和平共处，才不会发生文明的冲突，才能保证“一带一路”的安全畅通。如汪晖指出的，“在今天的世界上，很多的冲突和矛盾就来源于压抑认同的内在多样性，或者以某种认同的单一性撕裂由多样性构成的社会，从而破坏了社会的共同性基础”。比如用“民主国家”和“非民主国家”，把世界简单粗暴地撕裂成二元对立的单一认同社会，否定了历史的、地缘的和文化的共同性。中国需要通过“一带一路”文化圈的建设，形成一个与“一带一路”基础设施规划和贸易大道规划相适应的“一带一路”文化共同体。在这个文明圈内，最大限度地激发不同文化、不同国家、不同民族和部落的认同感、凝聚力、自尊心和创造力，整合丝绸之路文明圈内的无限资源，让“一带一路”的建设成果惠及丝绸之路文明圈的全体人民。

未来由中国这样一个以多元性、异质性、复杂性为特征的文化强国主导的“一带一路”文明圈应该是文化交融共生，不是西方文明上的同质性和排他性，不是二元对立和文明的冲突，而是如费孝通所言“各美其美，美美与共”上的共生、共存，既保持文化差异，又能在一个文化多样性的文明圈里和谐相处。

在“一带一路”文明圈建设中，要自觉防止我们在文化强国建设中搞一种新殖民主义文化，引发新的文明冲突。中国要用一种平等和包容的态度，跟“一带一路”国家进行近似或共性文化圈的探索，挖掘和讲述中国与文化圈内国家在文化、宗教上的密切交往和相互学习的故事，让中华文化与沿线国家近似的、共生的或共性的文化，创造性地进行大融通，共同营造“一带一路”文明圈。例如，文化上寻找合作可行的契合点，提出和实施文化上的共同和共通项目。比如配合“一带一路”上的经济走廊，设立内容丰富多样的丝路文化走廊，其中包括丝绸文化走廊、陶瓷文化走廊、巴扎文化走廊、商旅客栈文化走廊、伊斯兰建筑文化走廊、地毯文化走廊、天山文化走廊、帕米尔文化走廊、喀喇昆仑文化走廊、历史名城文化走廊、草原文化走廊、中国高僧西天经行处文化走廊等。

无论是搞文化强国项目，还是做“一带一路”的文化项目，政策制定者一定要接地气，不能只依教科书和媒体所给的角度来看世界，而要学习站在当地人的立场来了解他们所看到的世界。中国媒体在宣传报道“一带一路”时，需要一个谦卑的态度。“一带一路”上的很多国家，历史上多次被其他民族征服和同化，近代被西方国家殖民或半殖民。这些国家对外来民族在经济上文化上的突然涌入，是很敏感的，如阿富汗、印度、巴基斯坦等。在“一带一路”文化传播中，要让当地人看到“一带一路”不是来征服的、不是来殖民的，而是伟大的丝绸之路精神的复兴。我们需要学习古人法显、玄奘的精神，怀着谦卑的心态，去尊重、了解、传播各地文明。例如，美国强行把美式制度移植到阿富汗。但是，美国打了 14 年战争，阿富汗政府也成立了多年，但是塔利班仍然控制着这个国家近 70% 的人口和 70% 的土地。两千年前，希腊的亚历山大征服了北印度的塔克西拉，不仅没有屠城，还拥护当地国王继续统治。印度阿育王在印度普及了佛教，亚历山大的希腊军团和希腊后裔不仅没有破坏当地的佛教文化，还在其建立的希腊化的大夏王国及其后来的贵霜帝国，由国家资助佛教，并有希腊的工匠艺人按照希腊神像模样大修佛像。这是世界上最早的佛像，被称为犍陀罗佛像。在贵霜帝国时代，希腊化的犍陀罗艺术影响到了新疆。我们在楼兰、尼雅、丹丹乌里克看到的文物多是希腊化的贵霜帝国的一部分。成吉思汗征服中亚和西亚时能够包容所有的宗教。他允许他的子孙和子民信奉各种宗教，从佛教、儒教、道教，到伊斯兰教、基督教。他还邀请长春真人丘处机从青岛出发，绕道漠北，来到中亚，到阿富汗兴都库什雪山里讲道。

我们要强调的是“一带一路”文明的共同性和多样性。由于“一带一路”在地理上夹在多种文明体系中，“一带一路”文明圈是独特的跨多种文化的文明体系。因此，建设“一带一路”文明圈是多样性文明的回归，而不是追求单一文化认同，这需要一个更具有包容性和普遍性的意识形态支撑，即政治和文化上的多极化，尊重历史和传统。汪晖讲的这句话很好，就是在今天的世界上，很多的重重矛盾就来源于压抑、认同的内在多样性，或者与某种认同的单一性撕裂，由多样性构成的社会，从而破坏了社会的共同性基础。比如用民主国家和非民主国家把世界简单粗暴地撕扯成二元对立的单一认同社会，否定历史的地缘和文化的共同性。

中国在漫长历史上形成的家国天下多元一体的复杂国家概念与欧洲民主国家概念相比，不是西方民主国家意义上的同质性的排他性的平等，而是如费孝通所讲的“各美其美，美美与共”意义上的平等，既保持差异，又能保持统一，以公民社会和文化的同质性为基础的西方国家，同中国这样一个以多样性、异质性、复杂性为特征的文明国家相比，中华文明是一个包容儒教、佛教、伊斯兰教等多种教派的国家。

“一带一路”倡议布局下的国家周边外交和安全观念的发展及西藏的任务[①]

牛治富

2013年习近平总书记提出“一带一路”倡议，受到了国内外的好评。此后不久，习总书记在多种场合相继就中国的周边外交和安全理念，做了系统阐发，这些阐发实际上是“一带一路”倡议的深化和发展。西藏这个在中国周边外交战略中占有重要地位的地区，如何贯彻这一倡议？同时确保西藏的安全和国家安全，是我们必须要注意讨论和实践的重大问题。

一、“一带一路”倡议的提出及中国对外开放和周边外交战略新格局

（一）提出及背景

2013年9月，习近平总书记在访问哈萨克斯坦期间首次倡议共同建设“丝绸之路经济带”，10月在访问东南亚国家期间又提出共同建设“21世纪海上丝绸之路”的倡议，得到相关国家的积极响应。11月，中国共产党十八届三中全会通过《中共中央关于全面深化改革若干重大问题的决定》，明确提出“推进丝绸之路经济带、海上丝绸之路建设，形成全方位开放新格局”。这样一个战略对于西藏扩大开放、加快发展提供了重要

① 本文是原西藏自治区党委党校副校长，西藏民族大学南亚研究所所长牛治富教授于2016年5月6日在西藏民族大学“藏秦讲堂”（第4期）的讲学内容，经牛治富教授审阅定稿。

的机遇。外交部部长王毅在 2016 年 3 月召开的两会期间答记者问时说：“‘一带一路’倡议是中国的，机遇是世界的。”我想，这个机遇也是我们西藏的。

（二）目前的发展态势：“一带一路”倡议形成了“圈、带、廊”布局

2013 年国务院发布了 50 号文件：《关于加快沿边地区开发开放的若干意见》，提出了经略周边的原则和任务。2014 年国务院 24 号文件《关于沿边地区开放开发规划（2014—2020）的通知》，提出了“三圈三带”的规划，“三圈”即西北国际经济合作圈（以新疆、陕西、甘肃、宁夏、青海为核心）、东北国际经济合作圈（包括蒙古、俄罗斯、朝鲜）、西南国际经济合作圈（这个圈更大，包括东南亚各国），“三带”指中俄蒙经济合作带、鸭绿江中朝经济合作带、环喜马拉雅经济合作带。我们西藏应该属于“三圈三带”中的环喜马拉雅经济合作带。2015 年 3 月 28 日，国家发改委、商务部和外交部联合发布了《推动共建丝绸之路经济带和 21 世纪海上丝绸之路的愿景与行动》，其中，对西藏自治区的定位是推进西藏与尼泊尔等国家边界贸易和旅游文化合作带。在此前后，全国各省市，例如云南，对东南亚印度的研究比较早，先后形成了孟中印缅经济走廊、新欧亚大陆桥（新铁路）走廊、中国—中南半岛经济走廊（通过云南、老挝到新加坡的铁路）、中国—中亚—西亚经济走廊、中巴经济走廊（通过新疆到伊朗），其他地区还有规划的走廊。所以目前“一带一路”倡议应该说已经形成了“三圈三带”至少是六走廊的这样一个格局。

（三）“一带一路”倡议的核心理念是什么呢？就是总书记讲的“三个共”：共商、共建、共享。

要实现同周边国家的对接、互联、互通。“一带一路”倡议归纳起来，就是 2015 年 5 月 27 日张高丽副总理在重庆亚欧交通座谈会上提出的要实现“三位一体”“五大联通”。“三位一体”即基础设施、制度改革和人员交流；“五通”即政策沟通、设施联通（包括铁路、公路和水路）、贸易畅通、资金融通、民心相通。总书记也提出了“三个共同体”：利益共同体、命运共同体和责任共同体。清华大学的李希光教授在这“三个共同体”的基础上又提出了“三个共同体”：安全共同体（这是习总书记提出的）、文化共同体、价值共同体。所以总的来看，“一带一路”目前就形成了这么一个全方位对外开放的新格局和周边外交的新境界。

二、党的十八大以来国家总体安全观与周边外交和安全理念的新发展

（一）当前国际安全形势的两大趋势

多年来，党中央对于国家、国际形势有两个基本的判断：

1. 和平与发展仍然是这个时代的主题。和平发展、合作共赢是国际共识，是新型国际关系的核心，但是大国博弈不停，地区冲突不断。大家看到中、俄、美的博弈，围绕乌克兰问题、围绕中东问题的博弈不停进行着。地区冲突不断，传统安全威胁与隐患不断，同时非传统安全威胁因素正在增加。同时中央也认为，我们国家仍然处于大有作为的战略机遇期，总的来看，国际形势受三股势力即暴力恐怖势力、民族分裂势力、宗教极端势力的影响比较明显，如 2014 年 3 月发生在云南火车站的恐怖事件。

2. 总的来看，国际上的传统安全因素，像中东战争，伊拉克、叙利亚、乌克兰这样一些传统安全问题不断出现，比如说经济安全、金融安全、生态安全、信息安全、资源安全、跨国犯罪这些所谓的非传统安全因素也在上升。大家可能注意到了，最近我们从马来西亚、非洲的肯尼亚押回来许多信息诈骗犯，其中有大陆的也有台湾的，台湾的信息诈骗犯每年要诈骗大陆民众资金超过 100 亿人民币，这是最近海峡两岸讨论的一个热点问题，这实际上就是非传统安全因素中金融安全的问题。这是中央对国家安全形势的判断，时代主题没有变，传统安全因素、非传统安全因素在上升，三股势力不容忽视。

（二）党的十八大以来中国外交理念的新发展

党的十八大以来，以习近平同志为首的党中央召开了一系列重大会议，在“一带一路”倡议的指引下，2014年4月15日，中国成立了国家安全委员会，习近平同志担任主席，召开了中央国家安全委员会首次会议，指出我国“总体国家安全观”的基本内涵：既重视外部安全，又重视内部安全；既重视国土安全，又重视国民安全；既重视传统安全，又重视非传统安全；既重视发展问题，又重视安全问题；既重视自身安全，又重视共同安全。现在中国是世界第二大经济体，中国人民正在走向世界。我们的公民在世界上生命财产安全现在是一个大问题，所以要重视国土安全和国民安全。

2014年10月召开了周边外交工作会议，这是新中国成立以来，我们国家第一次专门召开周边外交工作会议。第三件事情就是2015年7月1日，国家公布了《国家安全法》，于今年正式实施。第四件大事就是2015年5月在联合国成立70周年大会上，习近平同志提出了一个命题：人类命运共同体。

这样几次重要的会议实际上是新中国改革开放以来中国外交理念的新发展。大家回顾一下，就知道我们的国际政治课里要讲到外交。我国的外交可以用大国是关键、周边是首要、多边是舞台、发展中国家是基础四句话来概括。大国是关键，所以我们可以看到尽管我们和美国矛盾不少，美国人在南海闹事，但是中美关系始终是最重要的外交关系。发展中国家是基础，从毛主席时代开始，就很重视与非洲人交朋友，今天仍然是这样。非洲朋友是中国外交的基础。毛主席曾经讲过：我们进联合国是非洲穷朋友把我们抬进去的。而现在我们要强调建设和谐世界，坚持与邻为善、以邻为伴，坚持睦邻、安邻、富邻，突出亲、诚、惠、容的理念。关于这个“亲、诚、惠、容”，习近平总书记有一个详细的解释，就是指人与人之间的道德情感和道德行为上升为国家间的文明道德，是从个体的人到整体的国家意愿，在国家的层面上、道德的层面上，上升了一个层次。“亲”就是指我们与周边国家的亲近、感情好。习近平总书记讲，国之交在于民相亲，说明“亲”的重要性。“诚”指对周边国家是真心的、实在的，国事多也不见得能带来更大的好处，而是在于真诚地对待周边国家。我个人认为由前面提到的四句话：大国是关键、周边是首要、多边是舞台、发展中国家是基础到现在的“亲、诚、惠、容”，应该说是我们周边外交理念的重大发展。

我个人认为，习近平总书记外交理念的新发展第一是上面提到的由四句话到四个字。第二是义利观。习近平同志讲的新的外交义利观：义利兼顾。义，就是我们要讲信义，重情义，就像同学、同事之间重情义一样，国家之间也是如此。中国有句老话，家国一理，所以要讲情义、讲信义、扬正义、树道义。今天的世界很不公平，我们要扬正义。像朝鲜发展核武器的问题，我们坚决反对。但是把朝鲜制裁到民众的日常生活都不能维持的程度，这也是不行的。所以中国在安理会决议通过以后反复强调：要正确贯彻对朝鲜的制裁，这实际就是树正义、树道义。我们对阿拉伯国家、对巴勒斯坦人的支持，我们和以色列人的关系是不错的，但是我们始终支持巴勒斯坦人建国的正当要求。这就是我理解的树道义。利，就是利益，即经济利益、政治利益、国家利益，处理好利益矛盾。特别是中国强调在国际关系中要维护全人类的共同利益。中国目前在联合国或者其他方面，特别强调人类的共同利益。我个人认为，新中国成立以来，从毛泽东、邓小平、江泽民、胡锦涛到习近平为首的党中央，中国的外交理念是一贯的，十八大以来中国外交的新发展是和平外交理念的继承和发展。我们高举合作的大旗，为世界和平、维护第二次世界大战成果，维护世界公平正义作出了重大贡献，赢得了世界的认可与尊重。可以期待，“一带一路”倡议的实施，可以重振中国历史上的汉唐雄风，使中国成为当今世界真正的大国、强国。

三、“一带一路”倡议布局下西藏周边环境的特点

第一，西藏作为中国的一部分，两大趋势和平与发展在西藏同时存在。和平与发展的主流是一致的，这点我们是清楚的。

第二，三股势力在西藏同样存在：民族分裂势力客观存在。以十四世达赖喇嘛为首的分裂势力的存在是大家周知的。区党委这几年的防恐工作很有成效。但是这种恐怖主义的势力仍然存在。打击宗教极端势力，西藏的工作做得很好，目前来说，不很严重，但是我们不能掉以轻心。

第三，作为中国周边外交的一部分，西藏是古丝绸之路的一部分，大家知道古丝绸之路的路上分为三支，其中南线就是通过青海到西藏、拉萨到吉隆、到尼泊尔和印度，这是古丝绸之路三条路中的第三条路，因此，“一带一路”倡议中，西藏是一个重要的组成部分。

对于中国西藏对南亚的总体战略问题，学界有不同看法。中国驻印度外交官毛四维在 2015 年 11 月昆明南亚学会年会的讨论会上提出，我们应以印度为重点，以巴基斯坦为支点。马加力教授认为我们应该建立跨喜马拉雅经济圈，它不是国家规划的环喜马拉雅，而是跨喜马拉雅。至于怎么跨，这是值得讨论的。西南国际经济合作圈—环喜马拉雅经济合作带事实上存在一个“跨”的理解和“环”的理解，因为南亚是八个国家：印度、尼泊尔、不丹、斯里兰卡、孟加拉、马尔代夫、巴基斯坦和阿富汗。我们西藏实际上直接面对的是尼泊尔、印度和不丹，缅甸由于横断山脉的阻隔，我们和缅甸没有更多的直接交往。历史上从察隅到印度萨地亚有通道，但在西藏不是主要的。因此，环喜马拉雅经济带实际上至少包括三个走廊：孟中印缅走廊、中巴经济走廊和青藏高原走廊。总而言之，我们与尼泊尔关系较好，跟印度有边界问题，战略互信不足，所以我们的看法是：以印度为重点，以尼泊尔为出发点，以南亚合作联盟为最终合作目标，这应该是西藏对南亚“一带一路”建设和南亚大通道建设的总体目标和战略规划途径。今年 4 月份尼泊尔总理奥利访华，习近平总书记与奥利总理会谈时的讲话意味深长。习总书记说，希望尼泊尔成为中印友好桥梁的纽带，这就是说，我们在上面讲的“一带一路”建设、南亚大通道建设中，应该是以印度为重点。因为我们知道，印度是南亚国家、南亚联盟的核心，南亚联盟现在八个国家总的 GDP 是两亿五千多万美元，印度就占了两亿美元，所以以印度为重点，但是尼泊尔和我们关系比较好，去年“4·25”大地震以后，尤其是今年尼泊尔新宪法通过以后，印度打压尼泊尔，断绝石油、燃料的供应，使得尼泊尔没办法只好向我们求助，我们通过吉隆口岸给了两千多吨的汽油。现在樟木口岸地震损坏，正在准备重建，吉隆口岸是重点，这样一来尼泊尔应该是出发点和桥头，但是最终目标应该是南亚合作联盟离不开印度。

第四，我们应该正确看待印度问题。中印之间历史上存在两千多年的友好关系，应该说印度文化对我们中华文化和西藏文化的影响是相当大的。印度古文化通过玄奘等引进，印度古文化对汉语词汇的影响有一万五千多个。2014 年 4 月 29 日，《中国民族报》上有一篇文章认为，印度文化对我们汉语的影响是三万五千个词汇，例如“世界”“缘分”“劫”“息”等，这些词都是从印度来的。中华文化的三大组成部分：佛教文化、道教文化和儒家文化，佛教是一大部分，佛教文化对西藏的影响也是很大的。藏文字母也是从印度古文转化来的。两千多年来中印友好，真正打仗的时候也就是唐代贞观年间王玄策出使印度，印度人把唐朝的使节劫走了，后来王玄策使者向吐蕃求援，把印度阿罗那顺国王押回长安。中印之间打仗不多，文化交往很多。中印之间本质上存在许多共同利益。现在中印关系正在朝着合理的方向发展，中印边界问题的谈判也正在进行，所以我们要互信、互相尊重，管控好分歧，避免两国关系受到大的干扰。

四、西藏在“一带一路”倡议布局下，贯彻周边外交及安全理念面临的困难、优势及任务。

应该说，西藏贯彻“一带一路”倡议并就南亚大通道建设既有优势也有困难，困难主要是：(1) 中印关系战略互信不足。(2) 印度支持达赖分裂集团，这是中印关系比较大的障碍。(3) 南亚国家，尤其是尼泊尔这样的国家，政局不稳定，虽然刚刚通过新宪法，目前看还不错，但是整个南亚的政局包括斯里兰卡都很不稳定，这都是“一带一路”倡议贯彻南亚大通道建设的困难。去年的“4·25”大地震以后，我们和尼泊尔的贸易额减少了 60% 左右，目前只有 56 亿美元，所以困难是存在的，但是我们也应该看到贯彻“一带一路”倡议建设南亚大通道的过程中西藏的优势也是很多的，办法总比困难多。

优势有：(1) 西藏有祖国这个强大的后盾。今天的中国是世界第二大经济体，是国际政治的重要力量。(2) 我们有地缘优势，西藏靠近南亚，有文化优势。中国和尼泊尔、印度在文化方面有相通的优势，佛教文化的优势，经济互补性很强，尼泊尔、印度好多工艺品、生活日用品与中国相比有很大的差距。除此之外还有历史传统的优势，南亚通道是“一带一路”倡议南线的一个分支，从西安出发，到青海，再到吉隆，这是一条古道。历史上，南亚国家和西藏的贸易就往来不断，所以有这样的历史优势。

西藏贯彻“一带一路”倡议南亚大通道建设，我们就要以国家总体安全观、“五个互相”，特别是“亲、诚、惠、容”，既重视我们自身的安全，又重视共同安全，比如说尼泊尔的安全，若是不注重尼泊尔的安全，要和尼泊尔发展贸易关系，做到民心相通就很难。反过来说，西藏的社会稳定如果没有尼泊尔的支持也达不到今天这样一个安定和谐的局面。所以要倡导共同安全，要坚决执行中央的“三个共同体”战略，即利益共同体、命运共同体、责任共同体。南亚国家和我们一样，都是发展中国家，都面临着发展经济的任务，命运是相同的，印度、巴基斯坦、不丹等国家和我们是相同的，都要发展经济，改善民生，所以利益上有共同性。我们还要强调价值共同体、文化共同体，因为历史上印度和我们西藏文化相通，如佛教的价值理念：和为贵、和谐、慈悲为怀、“十诫”等理念和我们现在倡导的二十字的社会主义核心价值观是相通的。我们不仅要强调利益共同体、命运共同体、责任共同体，也要强调文化共同体、价值共同体，这样一来，我们的南亚大通道建设，我们和印度、尼泊尔关系的发展可能就更加顺畅。我个人认为，我们把利益共同体、安全共同体、命运共同体、责任共同体建立在文化共同体和价值共同体之上，我们的南亚大通道建设、贸易发展就更好更快。所以，西藏的同志们要在基础设施、制度改革、人员交流以及政策沟通、设施联通、贸易畅通、资金融通、民心相通这“五大联通”方面积极努力。西藏自治区两会期间有很多提案，“十三五”规划也提出了冈底斯国际旅游圈、机场免税区、香格里拉大旅游圈等概念。洛桑江村主席来视察西藏民族大学时提出，我们“十三五”规划，要实现“两个一百年”的目标：全面小康，至少得一万亿人民币的投入。但是目前只能落实六千亿，还要四千亿的支持，这就需要我们开动脑筋，为西藏南亚大通道建设出谋划策。我们要恢复古丝绸之路的辉煌，古代的吉隆口岸等都是对尼泊尔、印度重要的通道，现在加上亚东口岸，如何将这些口岸办得更好，恢复丝绸之路南亚通道的功能与辉煌有许多工作要做。西藏要有大开放的意识，向外、向南亚、向印度、不丹开放，当然要建立在保证我们国家安全的基础之上，同时，也要向内开放，融入青藏经济圈、川藏经济圈、滇藏经济圈。西藏历史上有“四个机遇把握”，第一个是松赞干布联姻文成公主、尼泊尔赤尊公主，向南亚、西亚、中原开放，藏民族形成；第二个是 11 世纪，伊斯兰教扩张到印度，印度僧人来到西藏，开启了藏传佛教后弘期，西藏在分裂 400 年后再度兴起；第三个是元朝统一中国，使得西藏回到中央政府统一大家庭的怀抱；第四个是新中国成立后，1951 年西藏地方代表团和中央政府签订《十七条协议》，开辟了西藏历史的新纪元，开辟了西藏民族走向现代化的新纪元。我认为，今天的“一带一路”倡议、南亚大通道建设是藏族走向现代化、实现现代化和实现小康的又一大机遇，大家一定要抓住这个机遇，为西藏作贡献。这样一来，我们西藏的前景是美好的，个人的前途是美好的，国家和西藏的安全是肯定的，前辈们几百年梦寐以求的现代化目标就一定能实现。

对西藏分治割据时期历史的思考[①]

陈庆英

这些年我们一直在做《西藏通史》，想做一部比较系统的西藏历史，一共八卷，总共十三本。这部《西藏通史》，我和拉巴平措总干事是主编，其中我负责宋代卷和元代卷这两卷，元代卷我们之前做得比较多，比较好做，但是做到宋代的时候就遇到了比较大的困难，经过了几次反复修改。通过多次反复研讨，我对西藏历史，尤其是对应宋代的这一时期的西藏历史，有了一些新的思考，所以今天向大家做一个汇报，不当之处请大家批评指正。

一、对这一历史分期的称呼问题

我们看中国历史地图，不论是北宋还是南宋时期，在两张地图上青藏高原都是作为一个整体，作为一个和北宋、南宋、辽、金、西夏、大理相并列的地区反映到历史地图里面的。要讲西藏的这段时期的历史，首先遇到的一个问题就是，这段时期到底应该叫什么名字？我们请教过很多专家，根据反复讨论，最终才能决定。

西藏地方的历史有一个特点，它的历史分期跟整个中国历史的分期差不多有一个对应的关系，吐蕃王朝以前就不讲了，吐蕃王朝基本上跟中原的唐朝的时间差不多是对应的，吐蕃王朝崩溃以后，一直到元朝统一青藏

① 本文是中国藏学研究中心历史研究所原所长陈庆英研究员于2016年5月19日在西藏民族大学“藏秦讲堂”（第5期）的讲学内容，经陈庆英研究员审阅定稿。

高原，当中这一大段时间，在以前的西藏史研究当中，是一个比较薄弱的环节。比如中国社科院历史民族所编写过一本《藏族简史》，其中讲到这一时期就只有不多的几页。恰白·次旦平措先生等的《西藏通史·松石宝串》，关于这一时期，利用藏文资料增加了不少内容，但是仍然显得单薄。我们对于这一段，也讨论了几次，有些专家学者说，《西藏通史》只能写现在西藏境内的，这样的话，到宋代卷就遇到一个非常大的问题，那就是如果光写西藏境内的，东西就很少，或者基本上都是藏传佛教的内容，跟其他各卷比起来差距就很大，还有些学者建议把宋代和元代合到一起，叫做宋元卷，但是后来在讨论当中又发现，宋代这个时期有三百七十多年到将近四百年的时间，而元代不到一百年，如果合到一起，重心就会改变。因为元代一百年的内容差不多要占四分之三的分量，宋代三百多年将近四百年的内容却只占四分之一，又配合不上。所以经过反复讨论，还是觉得宋代必须单独作为一卷。

关于西藏这个历史时期的名称，原来很多著作把它叫作藏族史上的分裂割据时期，我们讨论后，想把它叫作西藏的分治割据时期。这次来我们学校，发现我们西藏民族大学把这段时期叫作分散割据时期，所以这个名称到底叫什么，可能还可以商量。有可能分散割据还是比较好的。为什么不叫分裂割据？因为西藏这个时期的发展跟中原地区不一样。中原地区是一个王朝瓦解，然后出现一个新的王朝，是改朝换代，或者是像五代十国一样，有多个王朝，四川一个，江浙一个，河南一个，这些都是称帝称王，是互相对立的小王朝。而青藏高原不一样，就我们现在看到的资料，吐蕃王朝崩溃以后，没有分立成几个王朝，朗达玛的两个儿子都叫赞普，而且一个说“我是赞普的继承人，他是冒充的”，另一个说“我是赞普，他是冒充的”，他们打仗实际上都还凭着吐蕃王朝的名义。吐蕃王朝 200 多年的统一，在青藏高原上产生了深远的影响。即使这个王朝被推翻了，但是大家还是要用这个名义来号召，包括后来阿里的古格王朝，还有河湟地区的唃厮啰政权，凉州的六谷部政权，他们的首领都要有赞普的名义，都宣称是赞普的后裔。没有赞普后裔名号的还要到西藏去请一个赞普的后裔，请他当政权的首领。所以我们看这段时期，对吐蕃王朝的结束，不管我们叫它“崩溃”也好，或者“完结”也好，之后都有一个想恢复吐蕃王朝政权的时期，无论古格王朝、拉达克王朝，或者它前面的阿里王朝，这些王朝都还是想等势力强大起来以后，重新恢复吐蕃王朝。我们现在看到新公布的一些资料，像古格王朝的拉喇嘛意希沃发的文书，实际上跟吐蕃王朝时期赞普发的文书是一个格式，表明他还是想继承吐蕃王朝的统治，所以我们就把它说成是吐蕃王朝结束以后，吐蕃王朝的后裔在边远地区（西部的阿里，东北部的河湟地区）各自发展，不过它是一个想重构吐蕃王朝的机制。

总之，即使是反对吐蕃王室后裔的平民起义军，也并没有建立一个新的王朝来取代吐蕃王朝，而赞普的后裔们虽然想恢复王朝，但是他们无力建立一个强大的政权，反而是分化消解的趋势长期延续不断。因此我们可以说，吐蕃王朝的崩溃是王朝的君主即赞普的继承体制的崩溃，其后的这个时期实际上是吐蕃王朝的分散，并没有建立一个新的王朝，各个地方势力也没有自外于吐蕃王朝。从这个意义上说，称之为分散割据或者分治割据时期，也许更加符合历史的实际情况。

二、关于这一历史分期的时限问题

关于这段时期的开始时间，即吐蕃王朝的崩溃时间，有两种说法，一种是公元 842 年朗达玛遇刺（也有文献说是 846 年），还有一种说法是朗达玛死亡以后他的两个儿子争位，这时还不是吐蕃王朝的崩溃，吐蕃王朝的崩溃是在公元 869 年，即造反的民众发掘了吐蕃王室的陵墓，才宣布吐蕃王朝崩溃。而这段时期结束的年代，学界的看法比较一致，我们把它算在 1239 年阔端派多达那波带兵打到拉萨附近的这一年。这样算下来，这一段时间大概是 370 多年。

这一段时期对应于中原地区的王朝，实际是经历了唐朝末年、五代十国、北宋、南宋这一段时期。从年限的长短来说，吐蕃王朝以前的不算，这个时间长度超过了吐蕃王朝、萨迦政权、帕竹政权、第悉藏巴政权，甚至甘丹颇章政权时期。在这样漫长的时期中，藏族地区的政治、经济、文化、宗教、社会制度都发生了重大的变化。和吐蕃王朝时期相比，蒙古势力进入藏区时，藏族社会经过长期的渐变，所发生的变化是非常深刻的。因此这段时期，无论从西藏史研究也好，还是从藏族史研究也好，它应该是一个很重要的时期，值得学术界从各个角度去进行新的探讨。

还有一个问题，就是从西藏历史的发展来看，所谓藏族三区的划分，即三个行政区域的划分，是在元代才开始出现的，因为元代时设藏族地区的三个宣慰司才划分成了三片，而且这三个宣慰司也不是一次划分出来的。即它本来是一个设在河州的吐蕃宣慰司，辖区是整个青藏高原的藏族地区，到 1280 年八思巴圆寂后才分出来乌斯藏宣慰司，朵甘宣慰司是在最后才成立的。所以元代以前西藏地区的历史，应该把整个青藏高原当成一个整体来看。这样就确定了不在今天西藏境内的像甘青地区的唃厮啰政权、凉州六谷部政权等，我们也可以把它划到《西藏通史》的宋代卷之中。

三、西藏分治割据时期的两个阶段

西藏地方的分治割据时期大致可以分为两个阶段，前一个阶段的历史主要是吐蕃王朝在统治阶级内部争夺王位的斗争中瓦解，并在平民起义中结束。其后在前后藏地区，赞普的后裔们不断地分化，本来是朗达玛的两个儿子威松和允丹争位，后来他们的子孙再往下分，所以我们现在看到的记载全都是一大串名字，就是这个儿子他有几个儿子，然后提到他们在哪些地区，我认为，吐蕃王朝的崩溃实际上很重要的一个原因是王朝赞普王位的继承体制崩溃瓦解了。这个崩溃瓦解是一个逐步分散的过程，这跟内地中原王朝的崩溃有很大的不同。唐朝崩溃以后，五代十国的梁、唐、晋、汉、周都称自己是皇帝，即“我是统一天下的”，元朝灭南宋以后，蒙古王室继承天子之位，也是认为自己是统一天下的皇帝。而青藏高原不是这样，吐蕃王朝这两百多年的统一对青藏高原历史产生的影响，在吐蕃崩溃以后延续了很长一段时间。

朗达玛遇刺身亡后，王子允丹跟威松争位。关于争位过程，对允丹的记载比较少，因为到后弘期以后，藏传佛教史家认为威松是正统，允丹是冒充的赞普后裔。但是实际上，我们看到允丹的势力是大于威松的，应该是以朗达玛的赞普王位继承者自居的。按照记载，威松被允丹从拉萨驱逐到山南，他只活了 40 多年，始终未能夺回拉萨。他的儿子贝考赞，后来又被允丹一系的势力排挤到了后藏。他在江孜建城堡，江孜的这个名称就是“国王的城堡”的意思，所以江孜这个地名是从贝考赞这里来的。贝考赞把他在山南的属民搬到后藏来，引起臣民骚动，发生平民造反，他最后被害。贝考赞被害以后，他的长子扎西孜巴贝占据江孜等后藏地区。允丹几个儿子的后裔和扎西孜巴贝的几个儿子在前后藏仍然延续着逐渐分散的过程。

贝考赞的次子吉德尼玛衮，到了现在的阿里，与当地贵族联姻，经历了一个艰难的开拓过程，建立起阿里政权。“阿里”这个地理名词是这时才开始出现的，意思是“领主的管辖区”。这应该是为了与扎西孜巴贝管辖的后藏相区别。吉德尼玛衮之后，他的三个儿子分据拉达克、普兰古格、雅孜等地，建立起雅孜王朝、普兰古格王朝和拉达克王朝，发展成被称为阿里三围的三个小王朝。这说明这些赞普的后裔，即使到了边远地区，仍然处在逐步分散的过程中。

这种分散趋势，大概到拉喇嘛意希沃的时候，即阿里的古格王朝，才被制止住。关于拉喇嘛意希沃，以前有很多记载说他是自行出家，把王位让给他弟弟，但是拉喇嘛到底是哥哥还是弟弟，他是自行出家还是受戒出家，各种史籍记载不同。近些年史学界和考古专家们根据在古格新发现的资料，有新的一些发现：拉喇嘛意希沃实际上不是自行出家，他出家是有上师的，是受戒出家，不是像很多藏文史书上讲的那样：为了从印度去请高僧而搜集黄金，最后被人家抓住，人家要赎金，他对他的侄子说：“你不要赎我了，拿这个黄金到印度去请阿底峡大师。”实际上，在当时的古格也是分成了两家的，拉喇嘛意希沃和他的弟弟分管普兰和现在的札达（古格），两个地方分别建立了托林寺和科迦寺，本来也是还要继续分散的，但是拉喇嘛意希沃采取了一个办法，就是他出家，把他这一系的领地交给他的弟弟来掌管，这样使得普兰古格王朝防止了继续分散的趋势，得以延续下来。

与此同时，在河西陇右地区，吐蕃王朝末期经过吐蕃将领尚思罗和尚婢婢的长期混战，部族分散，敦煌地区的汉族世家张议潮发动起义，驱逐吐蕃势力，返归唐朝，被封为归义军节度使。但是不久以后，唐朝也在黄巢农民军的打击下，走向灭亡。凉州、甘州的吐蕃部落建立起六谷部政权，青海河湟地区的藏族首领在唐朝衰微后，从西域迎来一个赞普的后裔，奉为领袖，建立起青唐政权亦称唃厮啰政权，它也有一个不太完善的首领继承制度。在这一阶段中，青藏高原的各个政治势力，仍然以吐蕃王朝赞普的后裔为主干，或者是以赞普的后裔为首领，或者是地方贵族和部落迎奉赞普的后裔为首领，不论是前后藏愈来愈分散的赞普后裔势力，还是在阿里和青唐的小王朝，他们都以恢复吐蕃王朝为旗号，尽管当时青藏高原并没有外部的势力能够干预其历史进程，但是恢复吐蕃王朝的统一的目标距离这些分散的地方势力愈来愈远，愈来愈不可企及。

在这个过程中，一些赞普的后裔，开始恢复被朗达玛赞普禁止的佛教，想要以崇佛的办法来增强自己的政治影响。因此开始出现了藏传佛教后弘期的下路弘法和上路弘法的基础。所以说佛教的复兴并不是从阿底峡入藏或是卫藏十人才开始的，大概在朗达玛的儿子威松时期就开始想要恢复佛教，已经开始采取一些行动，因此佛教的复兴并不是佛教本身的驱动或者是外部佛教势力的进入，而是分散的地方势力的政治需要带来了佛教的复兴或者说是藏传佛教的后弘期。

恢复佛教先经过了一个分散的时期，前几年我们在堆龙德庆哲蚌寺后面的一个寺庙，看到一块宋朝时期的碑，大概也是这个时期，当地的领主也恢复佛教，立了一块碑。所以说佛教的复兴，它可能经过一个渐进的过程，是政治的分散产生了这样一种需要，为什么呢？因为分散的这些政权妨碍了各个地区的互相交往，一交往就是兵戎相见，而能够引起互相沟通的就是佛教的文化。佛教作为一种文化，作为一种吐蕃王朝大家都享有过的宗教，因此要让它恢复，以此作为一种彼此互相联系的工具。同时崇奉佛教也可以成为各个地方的首领巩固统治、吸引属民、扩大影响的一种有用的方法。在广大民众中，佛教的影响并没有因为朗达玛的禁佛而完全断绝，甚至存在着家庭中修行的传承，所以在地方领主转而恢复佛教时，各地的民众也成了积极的参与者，使佛教的复兴比较顺利地推展开来。

四、佛教复兴的历史作用

但是复兴的佛教再发展下去，就会是另外一种情况。藏传佛教后弘期有个下路弘法和上路弘法的过程，以前大家认为下路弘法和上路弘法差不多是同时间进行的，然后东西两方面碰头。实际上从年代来看，应该是下路弘法在前。下路弘法开始的时候，是允丹的一个后裔桑耶地方的首领意希坚赞（允丹六世孙），派遣卢梅・喜饶楚臣等卫藏十人到安多地区的丹斗寺跟拉钦贡巴学佛教，回来以后从拉萨到桑耶再到林周一带，传法授徒，恢复和新建寺庙，形成许多僧团，史称“下路弘法”。下路弘法的时间比较早，在上路弘法之前，另外它建的寺庙是从林芝一直到后藏，到日喀则春堆（今日喀则夏鲁）这一带。这些年我们去林周县的一些寺庙考察，发现好多寺庙最初都是下路弘法的人所建的，下路弘法的上师建一个小庙，到阿底峡、仲敦巴以后，这些庙又发展成为噶当派的寺庙，这是下路弘法和上路弘法这样一个前后发展的过程。所以东噶・洛桑赤列老师认为，藏传佛教的后弘期实际上是从卫藏十人中的卢梅在拉萨建立僧团开始的。藏文古籍《青史》里面也有很多关于下路弘法在哪建什么寺的记载，根据这个记载现在我们还可以找到很多这些寺庙的遗址。下路弘法里面有几个比较重要的寺庙，像扎塘寺，在扎囊县，它也先是下路弘法，然后归属噶当派的。扎塘寺的壁画，大家都比较熟悉，受汉地风格影响，可能跟它是下路弘法过来的有关系，还有一个乃宁寺，乃宁寺也先是下路弘法，后来归属噶当派，到宗喀巴的时候，宗喀巴还在乃宁寺住过很长时间，后来乃宁寺又成为格鲁派的大寺。还有琼结县的唐波且寺，本来是下路弘法的寺院，阿底峡来了以后，把它从下路弘法的寺庙改成了噶当派寺院。

上路弘法开始于阿里的古格王朝，有两个主要人物，即吉德尼玛衮的两个孙子：一个是松额，一个是廓热，关于他们二人哪个是哥哥，哪个是弟弟，哪个是拉喇嘛意希沃，藏文史籍记载也比较复杂，经过反复考证，我们采取了东噶·洛桑赤列老师和恰白先生的说法，认为松额是哥哥，廓热是弟弟。松额统治古格，廓热统治普兰，松额生于965年，在执政20多年后，于50岁时受戒出家，修建了托林寺，还派了一些青年到印度去学习佛教，其中的大译师仁钦桑布曾三次到印度学习，回来后住持托林寺，翻译经典，传法授徒。松额还把自己领地的管辖权交给其弟弟廓热，以保持普兰古格王朝的统一，停止了小王朝继续分散的趋势。他自己出家后称为拉喇嘛意希沃，他来管佛法，他发布的一些文书，还是贯彻王室管理佛教的体制，对照起来跟吐蕃赞普在吐蕃时代发的文书是一个体例。松额还赐给托林寺香火地，由寺院去经营，以保证寺院的收入，还赐给仁钦桑布一个庄园（谿卡）和属民，这是最早见到的关于封建农奴制庄园的记载。廓热的儿子拉德在位时就开始从印度迎请高僧传法，到拉德的儿子绛曲沃时，经过多方努力，1042年把阿底峡请到阿里古格来传法，1045年阿底峡又被前藏各地区的佛教人士的代表仲敦巴（1004—1064）迎请到前藏地区传法，史称“上路弘法”。

阿底峡入藏以后带来了藏传佛教各个教派的出现。阿底峡入藏以前，下路弘法的高僧们没有形成教派，是师徒相传，僧团还经常互斗。但是阿底峡入藏以后，他的弟子仲敦巴把他请到拉萨及前藏各个地方传法，然后发展出噶当派。1054年阿底峡在聂塘地方圆寂后，由仲敦巴统领众弟子，1056年在拉萨北面兴建了热振寺，由此逐渐发展出噶当派。为什么是教派，因为他们遵从阿底峡规范的教理、典籍和修行次第，有中心的主寺，而且得到各地本派寺院和僧众的认同。在这个时期有一个修习佛法的在家僧人素尔波且（1002—1062），他在晚年建立邬巴隆寺，整理吐蕃王朝时期翻译的经典，并以此为中心发展出宁玛派。很多人认为宁玛派是出现在噶当派之前，实际上宁玛派建立的时间跟噶当派差不多，甚至还比噶当派要晚一点。1073年后藏的款氏家族官却杰波建萨迦寺，发展出萨迦派，跟噶当派的时间差不多。山南洛扎县的玛尔巴译师曾多次到印度学习佛法和梵文，他的一个弟子米拉日巴以修行和传法著名。米拉日巴的弟子塔波拉杰1121年建塔波寺，同年穹波南交在南木林县建香巴寺，由此发展出塔波噶举和香巴噶举派。塔波噶举再分化出四大派，然后再分成八大小支。

各教派的出现还带来一个变化，就是藏传佛教本土祖师的出现，吐蕃王朝前弘期藏传佛教有很多高僧，像最早出家的所谓七试人，像赤德松赞的老师娘·定埃增，被任命为钵阐布，甚至参与朝政管理，不过这些人在前弘期没有教派，所以并没有把他们当成一个佛菩萨化的最神圣的祖师来看待，对他们的褒扬，只是因为他们有成就、有功绩。但是到后弘期以后，教派一出现，就出现了变化，即把创立教派的这些高僧奉为本派的祖师。当然祖师是要再联系到印度的大成就者，萨迦派与印度一个大成就者毗卢巴关系密切，说萨迦教派是传承毗卢巴的道果法的，但是萨迦自己也有所谓萨迦五祖，即萨钦·贡噶宁波、索南孜摩、扎巴坚参、萨班·贡噶坚赞、八思巴，这些祖师近似于成就者或者成佛者。这样做，一是巩固教派的统一团结，再就是从精神上把自己的教派神圣化，但是这个过程对后来西藏历史发展造成很大的影响。

随着藏传佛教后弘期教派的发展，分治割据时期进入了第二个阶段。在这个阶段，吐蕃王朝分散的赞普后裔的社会影响已经非常小，多数淡出了社会的关注。边远的青唐政权在北宋武力的打击下消亡，阿里的普兰古格王室因为主持上路弘法而兴旺一段时间，不久后也逐渐沉寂，恢复统一的吐蕃王朝的企望几乎被彻底放弃。代替赞普后裔而兴起的是藏传佛教的各个教派及其宗教领袖，教派依靠师徒的传承、寺院的组织和民众的信仰，成为社会最重要的宗教和经济、文化的力量，甚至包括了地方武装力量。各教派以及各教派祖师的出现，各个教派利用藏传佛教的文化，吐蕃时代 200 年的统一所造成的这种民族共通的心理、文化（包括文字），成为社会最重要的宗教和经济文化力量。这样使得藏传佛教在后弘期以后担负起这一任务，即青藏高原各地区的文化交流、人员交往通过佛教后弘期这样一种形式实现。在这种形式出现以后，以赞普的后裔恢复吐蕃王朝的企望所代表的统一青藏高原的说法不再被社会关注和提起了。这是一个变化，即从恢复吐蕃王朝的统一愿望到承认各教派的宗教势力为主的这样的一个转换。各教派之间虽然有教理的区隔和传承的不同，但是各教派的领袖之间又有一些互相求法的交流，而且传布的区域又往往是以一个教派为主，其他教派穿插其中，一些大的教派力图把自己的影响扩大到卫藏和阿里各地，这就造成了一种以传播教法的形式打破地域割裂走向统一的趋势。

五、分治割据时期是西藏社会制度深刻变化的一个时期

这个时期的另一个变化是社会制度的变化，在吐蕃王朝崩溃和部落制度瓦解后一度出现过的自耕农和广大农牧民，在长期的战乱中，或者由于战乱中被俘虏，或者由于经济破产，欠下债务，或者由于寻求地方豪强保护，依附于地方的政教首领，成为这些地方首领的依附民，在吐蕃王朝时期作为社会主要生产者的部落平民阶层逐渐转化为依附领主的农奴，封建农奴制度在西藏各个地方普遍建立起来。

关于社会制度这一块，学术界还有很多分歧。关于吐蕃时期，有的说是奴隶制，有的说是封建制，但是从现在看到的一些文章像文告、敦煌文书等，可以发现吐蕃是跟唐朝、魏晋南北朝时期以来的中原北方的府兵制一样的制度，即按人口分地，你是一个男丁，从 16 岁开始成丁，然后给你分一块地，你种这块地就要给政府当差，打仗的时候要当兵，叫府兵。吐蕃王朝崩溃以后，赞普后裔还是采用这个办法，导致老百姓的负担越来越重，也统一不起来。发展到后来，一些政权崩溃以后农民有了自己的土地，土地可以买卖，可以互相抵押，这个大家看《米拉日巴传》就会很清楚。到了后弘期以后上路弘法，伴随着分治割据时期的第二阶段战乱逐步平息，社会生产的恢复和佛教的复兴，在社会农业生产组织上也开始出现了一种“谿卡”（封建农奴庄园）的经营方式。古格王室赐给高僧仁钦桑布“谿卡”，是最早见于文字记载的庄园。这种做法是为了供养宗教上师，给他一片土地组织农民来生产，然后有一套管理制度，后来差不多同时萨迦款氏家族也有经营庄园和牧场的记载。这种经济形式对后来的西藏社会影响十分深远。甚至于一些外国学者写过玛尔巴他们家也是这样。这就是说后弘期开始以后，谿卡才普遍出现。

六、分治割据时期又是西藏社会文化发展的一个重要阶段

还有一点，这一时期恰恰又是西藏社会文化发展的一个很重要的时期。它上承吐蕃王朝时期的文化成就，下启元明清时期藏族文化的发展，特别是在分治割据时期的第二阶段，由于政治的分散和教派的并立，思想文化的环境比较宽松，形成了一种开放和竞争的氛围。像寺院壁画、造像艺术、文学，还有仁钦桑布他们所谓的新译经典，即在这一时期出现了一个新译佛教经论的高潮，到印度去学习求法又返回西藏从事翻译经典的译师，著名的即达数十人之多。在佛学、哲学、因明、史学、诗学、文学、医学、历算等方面涌现出一大批藏族学者的论著。像我们现在看到的萨迦、布达拉宫保存下来的梵文写经，实际上大部分是这个时代的，应该是11—12世纪以后印度僧人带到西藏的梵文写卷，还有我们前面看到的很多寺院建筑、文化、艺术、造像，包括后期萨迦班智达的著作。藏传佛教后来的所谓大小五明的传入西藏，也是在分散时期的后期。喀且班钦到了西藏以后，把印度所称的班智达即精通十明的学者的这些学术思想带到了西藏，萨迦班智达是他的弟子，所以说这个时期应该是藏族历史文化发展的一个重要时期。与此同时，西藏通过凉州六谷部政权和青唐唃厮啰政权以及从青藏高原北迁到河套地区的党项羌所建立的西夏王朝，和中原地区保持着经济文化和宗教上的联系。遗留至今的康马县的艾旺寺和萨玛达寺、夏鲁坚贡寺、扎囊寺的宗教艺术，反映了汉地和河西陇右地区的艺术对西藏的影响，成为西藏佛教艺术中的精品。西藏一些教派的高僧又到青海、西夏等地传法，有的西藏高僧还被西夏王朝封为帝师、国师，西夏王朝的经济支持对西藏的佛教发展起了重要的作用。西藏在经济上通过唃厮啰政权和西夏王朝与汉地保持联系。宋代的茶马互市非常兴盛，就是这种联系的表现。以前我们可能觉得宋代西藏地区跟中原地区没什么交往，但是现在看到的一些汉文记载，发现西夏王朝前期的佛教是汉传佛教，到了中后期以后基本上是藏传佛教，尤其是藏传佛教的萨迦派和噶举派中的噶玛噶举派和拔绒噶举派，有记载说西夏的帝师里面有拔绒噶举派的僧人。藏文史籍里面还记载萨迦班智达和扎巴坚赞的弟子、堆松钦巴的弟子到西夏传法受到供养

等等，这些记载很多。原来我们对西夏不是太了解，后来我们看到在彼得堡东宫博物馆里，专门有一个大厅是展出俄国人科兹洛夫他们在20世纪初从宁夏黑水城带到俄国的一些东西。说明这一时期西藏的很多文化艺术又反过来传到西夏，然后通过西夏做了一个准备，到元代的时候又通过萨迦派、噶举派传到北京地区，再往中原传。

结　语

基于以上这些因素，对应于北宋和南宋时期的西藏分治割据时期的历史，是西藏历史的一个十分重要的部分，但是长期以来，对这段历史的研究却是西藏历史研究中的一个薄弱环节。从资料整理来看，这段时期的文献资料，汉文史料中只有对西北吐蕃即凉州六谷部、青唐唃厮啰的记载，藏文史料主要是对藏传佛教后弘期的各个教派的记载，由于政治的不统一和后来的藏族宗教史家把分治割据时期的前一阶段看作是没有佛法的“黑暗时期”，因此一般只列举赞普后裔的简略世系而很少叙述其历史事迹，因此对于这一时期的西藏卫藏地区的政治和社会经济的记载十分缺乏。受历史资料的限制，学术界对这段历史的研究主要是对西北吐蕃和阿里的普兰古格王朝的研究，而且前人发表的研究成果在数量上明显少于对其他时期的研究成果。一些论述西藏地方史的著作对这一时期或者只做概要性的描述，或者将这一段近400年的历史与元代的100年结合在一起，总称为宋元时期的西藏历史，内容上元代的内容要大大超过宋代的内容。

当然这个时代太长，有370多年，内容非常丰富，应该还有很多我们不清楚不知道的地方，下面我就这方面的研究成果跟大家作一介绍。关于这一段的研究成果，最早写得比较系统的有恰白・次旦平措、诺章・吴坚等先生编写的《西藏通史・松石宝串》，诺章・吴坚先生的《西藏割据史》，东噶・洛桑赤列先生的《东噶藏学辞典》，里面收录了很多这一时段的人物，西藏民族学院的克珠群培主编的《西藏佛教史》等著作，还有祝启源先生的《唃厮啰——宋代藏族政权》、刘建丽先生的《宋代西北吐蕃研究》等，孙林教授的《藏族史学发展史纲要》，也对这一时期藏族史学的发展做了很好的研究。同时，近年在西藏西部的考古新发现和西藏艺术史的有关研究，也有很多新的论著出现。关于这一时期藏传佛教在西夏的传播，也有不少新的成果问世。中国人民大学国学院沈卫荣教授和他的学生们对传入西夏的藏传佛教文献的研究，以及首都师范大学谢继胜教授及其学生对甘青地区的西夏的藏传佛教艺术的研究，都取得了可喜的成果。沈卫荣教授根据民国时期发现的从故宫里面流出来的一部《大成要道明集》做了一些研究，《大成要道明集》里面是以藏传佛教的萨迦派、噶举派为主的教派的一些教法，时期应该从西夏开始一直到明代，后来把它翻译成汉文。这些东西原来在宫廷是保密的，但是到辛亥革命以后这个材料流传出来，一些信徒就出资刊印，书出来以后，最早我是 1999 年在美国哈佛大学买到一本，看了以后发现里面讲述的所谓道果法的传承有一些是在八思巴之前编的，就是在西夏时期已经把道果法修行概要及一些赞颂翻译成汉文了，甚至里面出现了米拉日巴、玛尔巴的名字，萨迦班智达的赞颂诗。这说明藏传佛教应该是从后弘期开始不久就向西夏和内地传播，向东这个趋势是很明显的。

研究分治割据时期 300 多年的文化，它的宗教文化史应该还有很多课题可做。因为以前我们做藏传佛教研究的时候，像萨迦派、格鲁派或者宁玛派，做前面一段的都很少，即这些教派最初是怎么发展起来的，有哪些理论等，这些做得比较少。比如做萨迦派是从萨迦班智达、八思巴开始，但是萨迦前几祖到底有什么活动，写过什么著作，却研究得不深。而分治割据时期，西藏文化在吐蕃王朝文化的基础上是一个大飞跃的时期，有点像春秋战国，各派竞争，然后文化发展，包括这一时期的藏历。我们知道藏历的时轮历是从 1027 年翻译完成《时轮经》开始的。藏族的天文历法、音乐和语言文学这些翻译，都在后弘期后半段的一百多年有一个飞跃发展。但是对这一时期，我们以前研究得很少，现在通过做《西藏通史·宋代卷》更加认识了它的重要性，同时也知道了藏学研究不光跟敦煌学有关，跟西夏学、蒙古学也有非常密切的关系。所以现在研究西夏学（西夏文字、宗教、社会制度等），并与藏族历史来对比也是很有趣的一个领域。通过做这一段的历史我们还可以知道困难在哪个地方，还有哪些地方可以突破，希望将来能够把它做得更好。

西藏经济社会发展研究热点探讨①

孙　勇

一、关于西藏发展机遇与挑战的研究

中央第六次西藏工作座谈会后，关于加强稳定、快速发展、长治久安的相关问题成为摆在西藏自治区各级党委、政府面前的重大课题，也是长期从事西藏各方面研究的专家学者关注的重大问题。在中央第六次西藏工作座谈会上，习近平总书记强调要坚持四个全面战略部署，坚持党的治藏方略、维护祖国统一、加强民族团结，并以此作为各项工作的着眼点。坚定不移地开展反分裂斗争、坚定不移地促进经济社会发展、坚定不移地保障和改善民生、坚定不移地促进各民族交往、交流、交融，确保国家安全和长治久安、确保经济社会健康发展、确保各族人民物质文化生活水平不断提高、确保生态环境良好。在关于座谈会精神的学习研究中，专家学者们非常注重习近平总书记在座谈会上一而再、再而三强调的上述内容。因为习近平总书记在讲话中点出了同全国其他省市区一样，西藏和四省藏区已经全面进入建设小康社会的决定性阶段，习近平总书记点出的这个阶段实际上与党中央早前提出的“两个一百年”战略目标是相互印证、一脉相承的。

① 本文是西藏自治区党委办公厅原副秘书长、四川大学社会发展与西部开发研究院博士生导师孙勇教授于 2016 年 5 月 30 日在西藏民族大学“藏秦讲堂”（第 6 期）的讲学内容，经孙勇教授审阅定稿。

众所周知，“两个一百年”战略目标就是在中国共产党成立 100 周年要在全国全面建成小康社会。同时，这里面还隐含着一个提出很久的重大命题，那就是按照邓小平同志勾画的宏伟蓝图，在中华人民共和国成立 100 周年时，也就是 2049 年我国要达到世界中等发达国家的水平。现在有的同志认为 2049 年达到中等发达国家发展水平的目标定的太低了，到 2049 年我国经济体量肯定能达到甚至超过美国而成为世界第一大经济体，但邓小平同志确定目标才提出要达到中等发达国家水平，到时候恐怕会超出预先设置的目标。我个人认为邓小平同志提出的到 2049 年我国要达到中等发达国家水平的宏伟目标，不仅不能修改，而且还必须老老实实地坚持并扎扎实实地做具体工作，确保 2020 年西藏和全国一样全面建成小康社会这一目标顺利实现。纵观中央第三、四、五、六次西藏工作座谈会精神，可以认定的事实是，中央在西藏工作上的重大决策是一脉相承的。而在中央第六次西藏工作座谈会上，习近平总书记更是科学、全面、系统地论述了西藏发展稳定面临的重大问题，目前看来，以贯彻落实座谈会精神为契机、在座谈会之后中央各部委大量的优惠政策已经涉及西藏政治、经济、文化生活的各个方面、各个领域。既有整体性的重点突破、又有具体操作层面的实质性推进。总体而言，中央第六次西藏工作座谈会为西藏创造了非常好的发展机会，西藏经济社会发展迎来了前所未有的历史机遇。

理论与实践反复证明，机遇与挑战共生、危险与机会同在，中央第六次西藏工作座谈会为西藏经济社会发展带来历史性机遇的同时，也对西藏经济社会发展提出了尖锐的挑战，而这些挑战与西藏近几十年来的发展历程和发展基础有密切关系，对西藏而言，几十年来每一次机遇往往都与挑战同在。我 20 世纪 80 年代就对西藏经济社会结构尤其是经济结构做过深入研究。1989 年我在西藏一些报刊上提出了非典型二元结构的基本观点，后来在一些志同道合者的支持下通过几年努力写出了《西藏：非典型二元结构下的发展改革》一书，并于 1991 年出版。我个人认为，与黄万伦先生编修的《西藏经济概论》相比，《西藏：非典型二元结构下的发展改革》只是准确地把握了西藏经济发展和结构调整的时代脉搏。相对于黄万伦先生的《西藏经济概论》而言，《西藏：非典型二元结构下的发展改革》基本上采用了新知识、新观点，构建了新框架。在这个框架里，首先对发展给出了一个基本定义，对西藏经济结构提出了新判定，即对西藏来说，发展不仅是各项经济指标增长的单纯叠加，而且是伴随社会结构巨大变动的整体向前运动。在这一运动过程中，西藏曾经在全国经济发展出现重大机遇时遇到过很多挑战，我记得十多年前一位领导同志曾提出，20 世纪 50 年代全国大发展的机遇西藏没有赶上，80 年代的全国改革开放初期的机遇西藏没有抓住，使西藏经济社会发展基础落后于全国甚至西部部分省区。我个人觉得，究其原因都与当时西藏面临的特殊问题和形势带来的巨大挑战有关。其实，如何处理好西藏经济社会发展的机遇与挑战问题，一直是从中央到西藏各级领导无时无刻不在认真思考的重要命题。中央第六次西藏工作座谈会后，特别是“十三五”时期，伴随西藏的机遇远非过去可比，要好得多、多得多，但仍存在着巨大挑战，对于这一点各级各界都要有一个清醒的认识。

二、关于西藏经济社会发展状态的研究

研究表明，包括中央第六次西藏工作座谈会在内的一些会议文件中，都能看到中央使用的新词，即经济发展社会进步。实际上过去关于发展的概念中就包含了社会进步的内涵。我个人认为，从 60 年代起，西藏发展就是一个伴随社会结构巨大变动而趋于整体向前的运动过程。当然，这一过程可能会伴随很多经济指标叠加而外化出来，但其内涵会伴随巨大的结构变动而呈向前运动。经过历史和实践检验，如何抓住机遇，对西藏来说，在以往发展基础上完善和制定新型发展战略是一项重要工作。

为回应上述研究结论，我个人在表 1 中给出了 2014 年全国各省市区经济增长率和 GDP 总量指标，从该表可以清晰看出：西藏的经济增长率全国最高，但其 GDP 总量全国垫底，且长期未出现学界期望看到的经济增速高、西藏与其他省区的差距缩小的状态。

2014 年全国各省 GDP 的基本排名

表 1　　　　单位：%、万亿

排名	省份	增长率	GDP 总量
1	广东	7.8	6.78
2	江苏	8.7	6.51
3	山东	8.7	5.94
4	浙江	7.6	4.02
5	河南	8.9	3.49
6	河北	6.5	2.9
7	辽宁	5.8	2.86
8	四川	8.5	2.85
9	湖北	9.7	2.74
10	湖南	9.5	2.7
11	福建	9.9	2.41
12	上海	7	2.36
13	北京	7.3	2.13
14	安徽	9.2	2.08
15	内蒙古	7.8	1.78
16	陕西	9.7	1.77
17	天津	10	1.5722
18	江西	9.7	1.5708
19	广西	8.5	1.57
20	黑龙江	5.2	1.48
21	重庆	10.9	1.43
22	吉林	6.5	1.38
23	云南	8.1	1.2814

续表

排名	省份	增长率	GDP 总量
24	山西	4.9	1.2759
25	新疆	10	0.9264
26	贵州	10.8	0.9251
27	甘肃	8.9	0.66
28	海南	8.5	0.35
29	宁夏	8	0.28
30	青海	9.2	0.23
31	西藏	12	0.09

为什么会出现这样的结果呢？我个人认为，仅从地区生产值结构性调整看，这些年在全国经济结构调整过程中，西藏由于发展架构偏缺导致投资结构对财政收入偏向于税收化，而缺乏产业结构升级的自主性。为此深入分析西藏发展的架构，实际存在偏缺。这种偏缺主要在于什么地方呢？首先，很多学者的研究表明西藏发展架构存在明显偏缺，这种偏缺将会导致投资结构对财政收入的偏向与现实的税收化。其次，政府工作报告中经常会看到这样的描述，即西藏财政收入 93% 或者 94% 甚至个别时候收入达到 97% 来自中央财政扶持，同时也可以看到自治区的财政自给率在不断提高，西藏自己提供的财政收入在显著提高。而这一提高是从什么地方来的？实际上是通过现实性税收化的一些机制实现的。进而这种税收化过程会反馈到内部包括产业结构升级上，可以说至今西藏产业结构升级的自主性要求非常小。同时这一机制对于拉伸产业链的作用也相对缓慢，而西藏自身产业链短缺对发展制约很小，与兄弟省区相比，经济发展潜力和农户政策空间相对较小，亟待在中央继续扶持下增强自我发展能力。

研究表明，“自我发展能力”，也是从中央第五次、六次西藏经济工作座谈会中央相关文件中屡屡出现的一个词汇。专家学者经常把“自我发展能力”写在自己的论文中，甚至有些学者把培养增强“自我发展能力”用文学化的语言来表达即增强“自我造血”能力。“造血”这个词来自 20 世纪 80 年代，由王小强和白南风两位学者在西藏和中国西部调研后写在《富饶的贫困》一书中，用在经济研究领域就是经济上的“输血”与“造血”，这一概念提出后产生了很大影响，以至于至今还有很多专家学者在用这个词。但在中央文件里，还是把所谓的“造血”用标准的文件语言表述出来，叫“自我发展能力。”

众所周知，西藏拥有丰富的自然资源，长期以来由于高原的地理条件、气候环境、交通基础和技术开发的可能性加之生态环保政策限制，没有进行大规模工业化开发。从 20 世纪 90 年代以来尽管很多专家学者不断呼吁要把西藏丰富的资源优势转化为经济优势，政府文件也这么写了，但到目前为止，资源优势转化为经济优势的程度还是非常小的。由于西藏人口稀少、工业不发达，西藏自治区生产总值一直处于全国末尾，而且所占比重极小。如果追溯“十五”以来可以发现，“十五”前三年西藏 GDP 在全国排位基本稳定在 23 到 25 位，2004 年后特别是“十一五”“十二五”期间，西藏 GDP 在全国的排位逐年退后，2006 年为 26 位，2010 年为 27 位，2013 年为 28 位，2014 年排全国末尾。

我为什么要特别强调西藏 GDP 增长率居全国之首，而 GDP 总量在全国排位却逐年退后的事实，这里面暗含着中央第四次西藏工作座谈会的一个提法，在座谈会召开之前，中央反复做调研并听取了西藏自治区党委意见，要使西藏有一个较快的增长速度。当时的中央领导有一个基本设想，那就是到 2020 年使西藏经济进入全国中位数（中等水平），同时要求西藏经济发展的速度包括社会化指标等都进入全国中位水平，由此就需要有一个跨越式发展战略，当然这一设想得到了西藏自治区党委政府的坚决拥护。可是经过 15 年发展后，却出现一个严重问题，即西藏自治区经济增长速度很快，但从 GDP 绝对数排位上却不断下滑，也就是西藏 GDP 总量不仅没有能够进入原先设定的中位水平，而且排到了全国末尾。

基于上文论述，研究再回到西藏发展机遇与挑战上，为分析清楚西藏发展机遇与挑战，我个人从三次产业演化角度切入，因为现在越来越多的专家学者在进行经济发展研究的过程中把产业演化看做经济演化的基础或重要平台。毛泽东主席说过，“政策和策略是党的生命，各级领导同志务必充分注意，万万不可粗心大意”。在战略问题的提法上也是如此，经济发展战略和产业发展战略的关系，需要有科学界定，不能混为一谈，决策是事关战略和政策的问题，不可粗心大意。

三、关于西藏产业结构优化发展的研究

近年来关于西藏三次产业演化的过程，大家非常注重西藏产业结构从2002年起已变成“三二一”型，即第三次产业占大头、第二次产业起重要作用、第一次产业占比很小。针对这一变化，专家学者认为，国内外一个地区经济发展往往伴随着产业结构由“一二三”结构演变为“二三一”结构，最后再演变为“三二一”结构，这预示着产业结构合理且形成良性循环。由此，部分同志认为西藏第三产业已经占到50%以上，这在西藏是一个飞速发展的良好势头。但更多的研究人员却产生了一种困惑，即产业结构如此之好，可是为什么GDP总量在全国排位却在不断下降，以至于下滑到全国末尾？

理论研究表明，很多问题往往就产生于疑问中，有疑问才会有探究，有探究才会有提升，那么从产业结构演化层面能不能得出西藏产业结构已经优化，且与北京、上海一样的结论。为此我个人从三次产业论考察了西藏产业结构后，发现第三产业占西藏产业总量的比重已达到60%以上，并且保持着比较稳定的上升趋势。深入分析西藏第三次产业结构可以发现，第三产业中所占比重最大的是政府公共服务支出，因为按照现行GDP计算体系，政府支出作为GDP创造出来的这样一个口径加以计算，包括警察、公务人员、教师、学生、医生还有科研人员，所领工资实际上是要进入第三次产业GDP统计的。另外，在第三次产业里，服务业中的餐饮、小商品流通以及旅游业带动出来的GDP计算也占到较大比例，而对应于现代服务业，如信息、物流、金融证券、会计、法律咨询业务和科研事业

所创造的GDP比重还相对较少，这和北京、上海市的“三二一”产业结构内在的含金量截然不同。也就是说西藏第三次产业所占比重虽然较大，但是它的含金量却远远低于北京、上海实现的“三二一”产业结构转换，北京、上海产业结构优化转换出来的是真正的产业结构导致经济结构良性循环，借助这样一个轨道，北京、上海的产业结构已经实现了真正意义上的优化。而西藏却是另外一种“三二一”型转换，它通过政府对公共支出的购买，政府转移支付来实现，虽然达到“三二一”产业结构改善，但里面隐含的问题却很多。其实，包括西藏第二产业发展，一直以建筑业作为中坚发展力量，也存在畸形或畸重的现实问题。在整个“十三五”期间，中央对西藏基础建设投资最低口径数是1500亿，较高的口径数达到3000亿，而在这些基础设施投资过程中，建筑业无疑将担当GDP快速增长和产业结构优化的主力军，如果说大量的建筑项目以投资带动西藏建筑业发展的话，这样一种状态“十三五”期间也不会有较大改变，西藏第二产业还要以建筑业作为中坚力量。当然，往远处看，伴随西藏第二产业的优化，“藏电”“藏水”外送将成为一种“把资源优势转化为经济优势”的重要力量，这是值得期待的产业优化轨迹。

进一步再来讨论西藏产业结构的偏振现象，偏振现象本是光学的一个术语，但是近年来一些专家学者把这种现象应用于经济统计分析上，偏振现象有意识地过滤掉了某些统计数据而强调另一些统计数据的状态，如果仔细分析就可以发现西藏产业优化也存在这样的偏振现象。这个偏振现象从2003年的“三一二”变成了“三二一”，到2010年由于一、二、三产业增加比重分别为15%、29%到55.5%。形势看起来是不错，在这个时期尽管第二产业从2003年首次超过第一产业跃居第二，但是西藏工业体系肯定不赚钱或赚钱不多，第二产业不发达的局面仍然没有改变，特别是由于生态和环保要求，如果以传统工业形式例如矿产和机械制造发展第二产业，那么也会受到很多制约。这种偏振现象说明在西藏无论投资规模扩大还是产业结构优化，每一产业结构改变都离不开国家财政支持，离不开中央对西藏基础设施建设投入，也离不开援藏工作。可以认定，目前西藏经济结构中三次产业排列不是一种内生性优化结构，而是一种外筑型渐进优化结构，所以说它是一种偏振现象。经济偏振现象尤其是统计上的偏振现象，说明主观因素介入较多，是一种决策的主观偏好反映。

四、关于缩小西藏城乡收入差距的研究

城乡收入差距是一个或一系列重大问题，数据显示 2013 年以后西藏农牧民人均收入连续 11 年保持两位数增长，2015 年底西藏农牧民人均收入达到 6578 元，但仍然仅为全国平均水平的 73%。回顾中央第四次西藏工作座谈会之前，中央就有个意图，使西藏走入全国中位数，或者是进入平均发展水平。到现在十多年过去了，西藏农牧民人均收入仍然呈现出上述状态，且贫困人口占西藏农牧区总人口的 18.73%，这一贫困发生率在全国仍然最高，甚至超过贵州、甘肃和青海。与此同时，2003 年以前西藏城乡居民收入比一直在 5.0 左右，城乡差距也是全国之最。2004 年以后西藏城乡差距逐步缩小，目前大约为 3.8，说明西藏城乡差距正在逐步缩小，但与此对应，西藏基尼系数长期稳定在 4.0，按照经济学基本原理，基尼系数是社会不公正产生的体现，长期稳定在 4.0 意味着潜在的社会矛盾和问题比较严峻，根据国际惯例，基尼系数进入 4.0 后，社会矛盾会不断加剧。在西部 12 省区中，西藏与贵州、云南、陕西、甘肃、青海五省情况比较接近，这个接近并不证明西藏人均收入包括城乡人均收入、农牧民纯收入、城市居民收入会自动发生一个乐观的发展状态。为此我个人认为，西藏仍然是我国城乡收入差距最大的省份之一，也是与沿海发达省市差距最大的省份之一。

五、关于西藏发展与稳定关系的研究

根据中央第六次西藏工作座谈会精神，各决策层各部门对西藏都提出了长治久安、经济发展、保持稳定的基本要求。习近平总书记还特别提出西藏要实现“持续稳定、长期稳定、全面稳定”，自治区党委、政府更是把这“三个稳定”作为一切工作的出发点和归宿。实践表明，西藏不稳定深层次原因既有内因、又有外因，单就内因而言有一个主要原因不能忽视，

那就是由经济发展或者经济增长跟不上全国水平带来的不断拉大了的西藏与其他省市发展差距。对这个问题的认识如果出现偏差，今后是要补课的。

对西藏而言，与其他地区的差距有可能成为西藏不稳定的重要因素，这会构成严重的挑战，需要未雨绸缪，不断研究，这些年来很多学者一直在研究这个问题，如胡鞍钢教授在 20 世纪就已关注这一问题，他在对来自全国各地少数民族人大干部进行的关于少数民族地区与沿海地区经济差距是否会影响社会稳定的调查问卷进行分析后得出的结论是，35.1% 的人认为少数民族地区与沿海地区经济差距会影响社会稳定，62.2% 的人认为有严重影响，只有 2.7% 的人认为没有影响。

西藏发展与稳定的关系需要继续研究，不少成果从发展问题顺着做下来可以看出，中央第三次工作座谈会把西藏稳定和社会发展关系定位在全党、全国大局这个重要位置上。我个人的研究表明，改革、发展、稳定之间存在着不可割裂的内在关系。现在的问题在于，西藏存在这样一种观点：西藏 GDP 无足轻重，西藏只需要守好国土、守住边疆，至于 GDP 多少无关大局。我个人认为这种想法和说法是要不得的！中央第六次西藏工作座谈会结束后，西藏并没有完成“十三五”规划中急需从中央争取到的全部投资项目，这较之于“十二五”“十一五”来说，是第一次出现没有完成投资项目争取的情况。过去几个五年规划中第一次出现这种现象意味着有些同志在这方面出现了懈怠，也就是说，把稳定作为第一工作要务毫无疑问是完全正确的，但在此基础上西藏一定要在全国一盘棋的视角下加快做好发展、改革工作，为此我个人认为关键要抓好三点：第一，发展是保持稳定的关键因素，它是硬道理，小平同志说发展是硬道理，这个道理没有过时，还需要长期坚持；第二，改革是社会保持稳定，走向持续发展的动力，如果不改革不适宜生产力发展的体制机制，就不能解放生产力，不能实现发展目标，那些不作为的言行是要不得的，是有害的；第三，发展和改革都是稳定的基础，而稳定又是发展改革的前提，三者之间互为条件、相互促进，一定要正确处理。

进一步分析发现，中央第六次西藏工作座谈会没有提“跨越式发展”，并不是说之前提到的“跨越式发展”战略不要了。我个人开始也有疑惑，但中央宣讲团专家认为，不提跨越式发展并不意味西藏不再搞跨越式发展，而是要把跨越式发展作为一项战略、一个做好工作的前提。中央第六次西藏工作座谈会提出了快速发展，我个人认为，这里的快速发展是指西藏发展要在平均速度之上，其最好的状态就是持续的快速发展。我个人认为，进一步夯实西藏的稳定基础，一定是在西藏继续实行中央新时期提出的“跨越式发展”战略，不管西藏经济地理有多少特殊性，不管是西藏经济发展水平上相对于全国有多低，不管这样那样的挑战有多大，西藏的快速发展一定是能做到的，而且在外部经济对西藏辐射能力不高的情况下，国家整体利益和西藏区情一定要成为西藏今后发展的出发点和落脚点。

对西藏来说，新的跨越式发展主要是指还没有实现工业化的地区可以通过移植信息化成果来缩短工业化进程。这里说的工业化，不是通常理解的狭义工业化，不是到处修建冒黑烟排污水的工厂，损害青山绿水的工业化，而是广义工业化，所以，西藏不要一谈工业化就想起 20 世纪 50、60 年代的炼钢炼铁之类的工业化，而广义工业化主要是指社会各生产部门按照工业生产方式在产业链各环节实施管理，这样的工业化称之为新型工业化。党的十七大提出新型工业化道路，实际上是用这样一种理念解释的，西藏跨越式发展的战略任务需要稳定延续，赋予其新内涵。2013 年 3 月 9 日习近平总书记在参加全国人大会议西藏代表团审议时强调，中央历来高度重视西藏发展、稳定。习近平总书记还是把发展放在了稳定前面。媒体报道说，习近平总书记高度关切西藏各族群众的生产生活，希望西藏各族干部群众认真贯彻落实中央关于西藏的一系列方针政策，坚定不移走有西藏特色、中国特色的发展路子，积极构建维稳长效机制，加快推进西藏跨越式发展和长治久安，确保到 2020 年西藏与全国一道全面建成小康社会。习近平总书记的讲话中点到了跨越式发展。我个人认为这种新型跨越式发展可以作为一种战略式地位论，或者在理论上作为一项任务进行研究，我个人认为这是很有研究价值的。同时，要在通盘考虑“一带一路”倡议基础上进一步加强边境国防基础设施建设、促进边境地区发展和改革、有效抵御外部侵蚀、确保国家领土完整的研究，要加强西藏定位问题、大力推进向南向西发展、营造与周边国家和平稳定、平等互信、合作共赢地区环境等研究。要继续坚持和完善民族区域自治制度，巩固和发展爱国统一战线也都需要继续深入研究。目前，西藏对上述有内在联系问题的研究尚处在半热半冷状态，我个人认为，通过习近平总书记提出的“一带一路”倡议研究西藏定位问题可以作为一个切入点。那么，怎样使“一带一路”倡议变成行动，把愿景化作做好西藏工作定位，我个人认为是一项急需开展的工作，自治区领导和西藏相关部门已经开始行动，各级各界研究机构都应该继续深入研究这一问题，因为它是对新型跨越式发展路子战略研究的支撑。

再回到产业结构的课题上来，我个人认为产业问题研究仍然是当前研究的重要方面。产业是一个国家或地区调控经济发展方向和发展方式观念里的大课题，产业发展规模和水平对国家或地区经济实力增强、经济地位提高、人民生活改善等方面都具有十分重要的影响。我个人认为，在这个方面经济发展实际上包括数量扩张、结构优化和水平提高等内容，三者间相互联系、相互依存、相互促进。在经济发展的同时，产业结构转换和优化将发挥关键作用，尤其是在产业结构优化换挡中，怎么才能对西藏经济发展和社会长治久安发挥积极的促进作用，这也是一个重要的研究领域。在上述研究中，我个人认为总结经验，提升跨越式发展内涵，走新型跨越式发展路子，是专家学者可能应该关注的地方。

三十多年来，在改革开放基本要求基础上，与西藏发展相一致，实现了以改革开放促发展、以本地区固有发展条件为基础、走出了一条特殊的发展道路，也就是说在新型跨越式发展路子上，保证了西藏长期持续的高速增长，逐步缩小了西藏与内地的发展差距，这种选择从根本上保障了西藏长治久安，实现了长期稳定、持续稳定和全面稳定这“三个稳定”的基本目标。

六、结语：结合治国理政和治边稳藏开展研究

按照党的十八大报告精神，中国要走世界现代化治理之路。我个人认为，这一系列问题都值得在总结经验的基础上，提升内涵，提出更多、更

新、更具有创建性的学术观点或对策建议，或者在著述中作出新的贡献。目前，在习近平总书记发表有关重要讲话后，国家对新型智库建设很急需，尤其是从 2015 年起，教育部提出“办一流的大学、一流的学科”以及新型智库的建设目标和任务，在这个方面上结合西藏实际开展治国理政和治边稳藏就显得格外必要。

再回到产业结构这个问题上，我个人认为凡是产业结构转换较快的国家和地区都有效促进了本国和本地区经济快速发展，改革开放以来通过产业结构转换我国实现了经济结构优化，推动了经济快速发展，取得了举世瞩目的成就，而西藏正是在十多年“跨越式发展”战略思想指导下成功推进了西藏“跨越式发展”各项工作，只是现在外部条件变化剧烈对研究人员影响很大，对有些问题的研究还跟不上，基础研究和实际研究各方面都跟不上。我个人认为，西藏抓产业结构优化的重心是重点突破，特别是抓好“一带一路”以及西藏定位这个前提，加快推进新型跨越式发展，应该是一个可以预期的路子。当然，这里需要指出的是，产业结构提升仅仅是发展的一部分，不能替代整体经济发展，因此西藏新型跨越式发展不应该是仅仅装入“一二三”产业如何发展等口号式的东西，更不能用排比句来替代发展战略。讲西藏发展、讲社会进步着眼点仍然要放到“伴随着社会结构巨大变动的趋于整体向前的运动过程”这个视角上来，并以这个为视角内涵从全国大局出发，结合西藏已有经验和实际，保持较快发展速度，这个速度要在全国平均速度之上。虽然说过去 GDP 要求说的太多，但是如果不以 GDP 为一个衡量指标，又用什么来衡量？毕竟世界各国 GDP 体系已经比较成熟。因此，把发展速度保持在全国平均速度之上，为求得最好状态，要求持续不断地推进跨越式发展。

最后，得出一个简单结论：目前，西藏应该全盘考虑制定一个新型跨越式发展战略。但是怎么样快速健康发展，仍然是今后西藏经济包括社会进步的基础，对于这一基础的研究，刻不容缓的需要是专家学者在这方面要作出应有的贡献，为党和国家治边稳藏战略提供智力支撑。

西藏的语言立法及相关问题研究①

周　炜

我们在研究一个地区、一个国家或一个民族的语言问题时，不仅会研究某个具体的语言，也会研究某个特定区域的语言问题，比如西藏、新疆、内蒙古等地的语言及语言问题，这是非常有必要的。我们这样做至少能够清晰地知道，这些地方的语言问题主要反映在什么地方，主要包括哪些方面的内容。当然，在做语言问题研究的时候，应该把研究视野放宽一点。

一、国际国内背景下的西藏语言问题

在一些西方学者看来语言立法对于一种语言的学习、使用和发展将起到关键作用，比如说中国的语言立法，对少数民族包括西藏、新疆、内蒙古、延边等地区的语言立法以及这些地区少数民族语言的发展起到了关键的作用，这是一个很重要的观点。同时，另外一些西方学者也认为，语言的立法不光可以促进语言本身的发展，还对这些地区语言的发展权起着重要的保护作用，更重要的是它还涉及特定地区某个少数民族的语言权益保护问题。有十多年的时间，我一直在研究欧洲不同国家少数人的语言立法和语言权益保护问题，利用在欧洲一些大学讲学的时机，对欧洲尤其是欧

① 本文是中国藏学研究中心宗教研究所所长周炜研究员于2016年6月27日在西藏民族大学“藏秦讲堂”（第7期）的讲学内容，经周炜研究员审阅定稿。

盟国家的语言问题给予了特别关注。我特别关注的是在欧盟内部，欧洲人到底是怎么看待少数人语言问题的及他们有关少数人语言立法的历史、现状及主要内容。我也非常关心西方国家少数人的语言立法观念和主要内容与我国少数民族语言立法的相同点和不同点。

实际上我们在研究世界上少数民族语言问题时会发现，不管是欧盟国家的少数民族语言问题，还是非洲的少数民族语言问题，不管是西藏的语言问题，还是内蒙古的语言问题，实际上语言问题不仅仅只涉及语言文字本身，它还涉及语言的权益问题，涉及一个地区一个国家因为少数人的语言问题所引起的安全问题和稳定问题。就是说在一个大的强势的语言环境的包围圈里边，比如说苏联时期，在俄语的强大的包围圈里边，还有很多加盟共和国，涉及很多少数人的语种，而这些语种从语言学角度来说是弱势语言，而俄罗斯语是强势语言。在我国，我们的汉语尤其是普通话，不用质疑是一种强势语言。那么在这个强势语言的包围下，一个强大的文化主体，一个强大的经济主体包围着一个个边远地区的少数民族，这些少数民族的语言在汉语这样一个强势语言面前，弱势明显，在语言的学习、使用和发展上形成强烈的反差。在这个反差当中，假如说我国政府不能处理好汉语和少数民族语言之间的关系，我们的宪法规定的民族平等政策、我们的民族区域自治政策、我们的语言平等政策都无从谈起。汉族和其他少数民族表现在语言平等问题上的冲突就会凸显，甚至激化，由此带来的某个少数民族地区的安全和稳定问题就会上升为国家的安全和稳定问题。

在欧洲包括挪威、比利时、瑞士、德国、法国、俄罗斯等国家，亚洲包括中国、新加坡、印度、尼泊尔、斯里兰卡等国家都存在少数民族的语言问题，都存在强势语言和若干弱势语言共存和矛盾的关系。一个政府，假如说处理不好这种关系，不知道怎么去处理这种关系，甚至根本就不懂得怎么去维护弱小的语言和强势语言之间的和谐关系的话，这个地区的民族间会出现很多问题。实际上我们在研究西方一些国家的冲突时发现，往往是以语言冲突为导火线，开始尽管只是一个小小的星星之火，但最后往往会影响整个地区的安全，甚至造成整个国家的分裂。所以在今天的语言学看来，语言问题已经上升到了可以引起民族和谐与国家稳定及安全的重要问题。政治问题和经济问题固然重要，但是要维护一个地区或一个国家的和平，解决好语言问题也是处理好这种关系的主要抓手。

我今天要讲的就是，我国政府在解决强势的汉语与弱势的少数民族语言两者的关系时是怎么做的，我会从西藏的角度入手来介绍怎样处理这个问题。其实我们都清楚，不管西藏自治区在语言的立法上是怎样做的，实际上都体现我国的语言政策。一个国家的语言政策涉及很多问题，在这些语言政策当中，是国家层面的语言政策下面套着区域性的语言政策。比如说，从中央层面到我们现在西藏、新疆、内蒙古、延边、青海、四川、甘肃、云南等省区的地方层面。如果大层面语言政策出现问题，那么小层面的语言政策也会出现问题，今天我在介绍西藏藏语文立法问题时，一是想谈谈西藏在语言权益保护方面的做法，二是想把西藏的情况与欧洲一些国家的做法进行对比。

欧洲的语言立法远远不是我们想象的那么简单，在很早以前，欧洲很多国家就非常关注少数人的语言及语言问题，一些主流国家一直在思考怎么去解决因语言冲突所带来的民族矛盾和国家安全问题，并通过不同国家的努力，积累了一些值得我们借鉴的东西。正如前面所说，我的关注点是先谈谈西藏的语言立法情况及实际效果，然后再去讨论西方人的语言立法成就，在此基础上进一步进行比较。我希望通过这样的对比，能够找出一个脉络，能够通过西藏语言立法的进程和发展，找到西藏语言立法与西方少数人语言立法之间的相同点和不同点，找到西藏的语言立法与西方相比，它是处在落后的位置上，还是处在先进的位置上。这些研究信息可以帮助我们从更高层面来理解西藏的语言问题，而不是像现在的很多学者在这个问题上总是似是而非，要么是武断地认为今天西藏的语言政策不好，要么是说它有很好的地方，但又具体说不出所以然来。我的研究只是看一种语言政策在实际实施过程中的效果，这才是关键所在。

二、本人的语言学研究背景及成果

我先介绍一下自己的学术背景，我是1977级的，西藏民族学院语文系藏语专业毕业，我做语言学研究有一个很好的语言背景，就是我的藏语比较好，我可以用藏语研究藏学问题和藏语问题，甚至可以用藏语来讲课或者是作学术报告，这是我得天独厚的条件，很多做藏学研究的汉族学者达不到这个程度。我在昌都出生，所以有一个从小在西藏生活、学习和成长的背景，由于从小就一直处在藏汉双语的环境中，因此对语言的感觉也和其他人不太一样。另外，我大学毕业以后到了西藏日报社的藏文编辑部，做藏文记者和编辑，这种经历在汉族人当中也很少。

1985年，我考入中国社会科学院研究生院攻读硕士学位，专业是藏族古典文学，研究方向是从藏文文献入手去研究藏族的古典文学，包括小说、诗歌、传记和民间文学。我的硕士毕业论文题目是《藏族古代小说研究》，1997年以《西藏文化的个性》的书名出版。

1995年我考到中国社会科学院研究生院攻读语言学博士学位，导师是胡坦教授。胡坦教授是中国语言学尤其是少数民族语言学研究的泰斗级人物，他一生研究拉萨话，在藏语声调、语法和词汇研究等方面有很大的学术影响，曾被国际知名的语言学家李方桂先生等誉为20世纪末中国最有学术影响的语言学家和少数民族语言学家。

由于我本科学的是藏语专业，硕士学的是藏族古典文学专业，虽然藏文藏话很好，但并不是语言学的科班出身，因此，胡坦教授对我要求非常严格，而且针对我的特点，希望我把博士论文的研究内容放在藏文语法的研究和比较上，具体是研究藏语史上某个特定历史阶段的语法问题。最后在胡坦教授的帮助和指导下，我选择了15世纪的《米拉日巴传》作为博士论文研究的对象。语言学家普遍认为，在14—16世纪这个历史阶段，也就是语言学家所说的中世纪的时候，藏语发展变化比较快，其中的语音、语法，尤其是口语的发展都很明显，文字上则相对稳定。

1996年我申请到了日本国际交流基金的博士生留学项目，胡坦教授专门挑选了日本著名的语言学家长野泰颜教授做我的博士生指导老师。1997

年初，长野泰颜教授利用到香港参加国际会议的机会，专程到北京与胡坦教授一起研究我的博士论文的题目和提纲。1998 年我获得了语言学博士学位，博士论文的题目是《藏文〈米拉日巴传〉的语法特征及比较》。我首先研究 15 世纪藏文文献《米拉日巴传》中最有特点最重要的一些语法现象，然后同敦煌古藏文文献以及 8—9 世纪有名的藏文碑铭进行比较，找出它们之间的异同和内在关系，最后将研究结果与今天拉萨话中相同的语法现象做比较。这样从中世纪入手，先与之前的文献相比，再与今天的拉萨话相比，就能看出同样一个语法现象在 15 世纪是什么样子，在 8、9 世纪是什么样子，在今天的拉萨话中是什么样子。并通过比较去理清每一个语法现象发展演变的情况，讲清楚这个语法现象为什么在那个时候是这种形态，在中世纪是那种形态，而在今天的拉萨话中是另外一种形态。当然我在论文中还运用了当时一些新的语言学理论，比如语篇理论和语言比较等方面的理论。应该说我的博士论文能够有这样的创新和学术成就，得力于两位语言学大家的指导和帮助，得力于日本国立民族学博物馆得天独厚的文献资料支撑。后来这篇论文经过进一步修改得以出版，并获得了中国藏学珠峰奖。

1998 年我留学回国后，在北京大学民族学与社会学研究所做博士后研究。用了两年的时间学习了社会学、民族学和人类学等方面的理论，恶补了语言学方面的多门课程。在这个时期，中国藏学研究中心的多杰才旦总干事和费孝通先生共同在北大社会学人类学所开展的有关西藏现代化进程的项目已经取得了众多的成果，胡坦教授作为中国藏学研究中心负责科研工作的副总干事，也在牵头进行有关西藏的语言问题和藏语文现代化研究的项目。很荣幸的是胡坦教授把这项研究工作交给我来做。结合这些项目，我在马戎教授的帮助下，利用夏秋时节在西藏进行“拉萨城镇居民在现代化进程中的语言使用、双语现象和文化交融”调查。我的研究主要有几个创新点，一是问卷调查。我在北大和中国藏学研究中心几位社会学教授的帮助下，设计了六种不同的语言调查问卷，包括小学生、中学生、大学生、机关干部、工商从业者和拉萨郊县农民等六种。二是问卷设计参考了当时正在全国进行的语言调查问卷的内容，并充分结合了西藏语言使用和双语现象的特点。三是将研究的时间严格限制在2000年。

这项问卷调查的具体做法是：首先把问卷调查的时间确定在2000年，也就是说我的数据只用来解释这一年拉萨城乡居民语言使用的实态。二是分为拉萨城镇和拉萨周边乡村两个大的部分，既要研究城市藏族居民的语言使用情况，也要研究城市周边农村农民的语言使用情况。三是按照身份分别设计针对不同人群的问卷，这些问卷的问题一样，只是针对不同的人群。四是对回收的问题进行科学甄别，去除那些有错误或有疑问的问卷，然后按照不同的问卷分类输入全部的问卷数据。五是用统计学的方法，对所有数据进行分析，同时利用分析数据，对不同身份的人群的语言使用情况进行比较分析，既要揭示不同人群语言使用的特点，又要通过比较，找到它们之间的不同点和相同点。

2000年我完成了自己的博士后研究报告《西藏城乡居民的语言使用、双语现象和民族交融》，其中有六个报告涉及拉萨城镇居民、拉萨周边农村、干部职工、工商人员、小学生、中学生和大学生等问卷分析报告。在北京大学社会学和人类学研究所的博士报告答辩会上，这篇报告得到了与会各位专家教授的一致好评，尤其是得到了马戎、王铭铭、蔡华、麻国庆等教授的好评。后来经过进一步修改，2002年正式出版，书名为《西藏语言与社会》。这本研究专著在学术界比较有影响。

2000年之后，我关注的问题在藏族人的语言使用和双语现象的基础上，开始进一步深入到西藏的语言立法、语言权益保护和语言生活上。我的研究思路是基于：在汉文化和藏文化两种文化交织在一起的时候，藏语在汉语这样强大语言的冲击下，它们之间到底存不存在和谐的因素？藏语的学习、使用和发展存不存在什么问题？藏语的发展在什么时候出现了拐点，又在什么时候出现了新的发展机遇？为此，我花了十年多时间，完成了两部研究专著和三部词典：一部是《中国少数民族语言权益保护研究——关于西藏语言立法、管理与教育的调查》，是研究中国少数民族语言政策、西藏语言立法、语言政策和语言教育的重要学术成果，也是用社会语言学的理论和方法来研究少数民族语言问题的成功案例，对于我们认识中外在少数民族语言问题上的思想观念、理论实践、语言立法、历史发展轨迹等方面的异同都有很大的帮助。另外一部是《中国少数民族语言生活研究——以西藏自治区为例》，这部专著包括六个方面：一是欧洲和我国有关少数民族语言立法和语言权益的保护的研究和比较；二是关于西藏语言政策与藏语文发展问题的研究；三是关于西藏双语现象和双语发展相关理论的研究；四是关于西藏人的语言生活和语言管理的研究；五是关于大中小学藏语文教育情况的调查和研究；六是关于西藏城乡居民语言使用的专项调查和研究等。三部词典是《中小学藏语词典》《藏英汉新词术语词典》《信息技术藏文词汇》。

三、西藏语言立法的政策背景及藏语文的发展

实际上无论是在西方还是在国内，当一个立法要出现的时候，它一定有一个社会背景。我们回头来看，当藏文在 7 世纪左右创制之后，藏语本身一直是按照语言发展的规律在不断地发展变化。从语言使用一方来看，藏族人的语言生活基本上是使用单一语言。这种状况从 7 世纪开始，一直到 20 世纪 50 年代，都没有发生过太大的变化。当然我们也不回避在这之前因为汉藏文化之间的交流，有很多汉文的文献进入西藏，并被翻译成藏文，历史记载也有不少僧人和其他职业者学习和使用汉语。从唐代开始，一直到清代，一些汉族僧人、文武官员前赴后继地在西藏和中原之间进行着文化交流。而在中华民国时期，也有国民党的机构驻在拉萨和昌都等地。不可否认这种文化的交流和语言的交流会使藏族人有机会学习和使用汉语，但远远达不到今天藏族人学习和使用汉语的规模，因此，历史上出现的这些都不足以影响藏族人单一的语言生活状态。

1951 年之后，藏族人的语言生活出现了拐点。这就是西藏的和平解放带来的结果，汉藏文化交流进入了一个全新的时期。一个是大兴教育，各地小学、中学包括高等教育的创办，汉语文的学习和使用首先打破了藏族单一的语言生活，双语的学习和使用成为西藏教育的基础。二是汉藏文化

的全面交流，比如汉语文出版物、汉语新闻广播和电影、各种会议、民事诉讼程序中汉语文的出现、社会用语的汉语文现象等等。三是藏汉两个民族的亲密接触和交往，汉语文成为藏族语言生活中的一部分。四是和平解放以后，大量的藏族青少年和成年人参与到社会工作的各个领域，汉语的学习和使用更是不能缺少的事情。

尽管和平解放以后西藏的语言生活发生着重大的变化，尽管汉语文的学习和使用已经完全成为藏族人生活的一部分，但是，作为中央政府和当时的西藏地方政府早在 1951 年签订的《中央人民政府和西藏地方政府关于和平解放西藏办法的协议》(以下简称《十七条协议》)中，就已经考虑到西藏未来语言生活的这种急剧变化，会冲击到传统的藏语文的学习和使用，因此，在这份协议当中，就明确规定要发展西藏的语言文字和藏语文教育。我觉得这些条款的规定不仅具有先见性，而且充分预料到了 1951 年之后西藏的语言将会出现大的拐点，藏语文的学习和使用将会受到汉语文这个强势语言的影响和冲击。

应该说正是因为有了这样的科学预判和正确的规定，从 20 世纪 50 年代开始，在西藏境内，藏族人在积极地参与到突然到来的汉藏文化大交流的热潮中，兴高采烈地学习和使用汉语文的同时，从中央政府的层面，从西藏当地政府的层面来说，在基础教育和高等教育上，在文化艺术上，新闻广播和电影出版事业上，都对藏语文的学习给予高度关注，以充分保障藏语文和汉语文的学习、使用在西藏和谐健康发展。

但是从 20 世纪 60 年代末期开始，西藏的语言出现了新的拐点，1951 年建立起来的藏汉双语的和谐局面被“文革”极“左”思想打破，到了 20 世纪 80 年代，虽然从小学到大学形成了藏语授课和汉语授课两个系统，但比重有轻有重，在一定的时期内，汉语授课系统受重视的程度要高于藏语授课系统，有些地方甚至成为主要的授课系统。同样，在新闻、广播、电影、出版、艺术和社会用语等方面，藏语文的使用也有所弱化甚至是比较严重的弱化。为此，在 1980 年的《西藏自治区自治条例》中，对藏语文的学习和使用提出了要求，但问题并没有解决。

1984 年，中央第二次西藏工作座谈会召开，明确要求西藏自治区各种行文、教学用语、文艺创作和演出都要使用藏语文。西藏自治区也多次发出关于机关学习使用藏语文、学校使用藏语文授课、出版发行藏文刊物的指示或通知，但是有关西藏语言的立法问题依然没有提到西藏自治区人民政府的议事日程上来。

在这种状况下可以想象，在西藏，一个只有 200 多万藏族人口使用的藏语文，面对的是当时超过十亿多人学习使用的汉语文，如果不能处理好小语种和大语种之间的这种冲突和矛盾，少数民族语言的发展就会出现问题，《十七条协议》《宪法》《民族区域自治法》中倡导的民族平等、各民族语言平等的政策就成了空话。但是从全世界的情况看，在一个国家内部，不管是多小的民族，哪怕它的人口只有几十万，或者更少，处理好这个民族的语言与主要民族的语言之间的关系都是维系这个地区或者是这个国家稳定和谐的重要条件。我们知道萨米人（Sami，Samit 或 Samek）是居住在北极地区的居民之一，是欧洲最大的一个少数民族群。萨米人分居在挪威、瑞典、芬兰和俄罗斯 4 个国家。萨米人也称拉普人（Lapp），属于北欧人种。20 世纪末，挪威有 3 万—4 万名萨米人，瑞典约有 2 万，芬兰 6000，俄罗斯 2000。萨米人的语言是萨米语。尽管这么一个小小的萨米民族，在挪威的法律中仍然将萨米语看成是和挪威语具有同等语言地位的语言。挪威的法律认为萨米语不是萨米人独有的财富，而是挪威的财富，世界的财富。同样，我们也可以认为，藏语文也不是藏族人独有的财富，这个财富是中华民族共有的，是全人类共有的。

在西藏，一直到 1987 年以前，虽然西藏自治区人民政府一直在强调要加强藏语文的学习和使用，但起色仍然不大。这种情况引起了时任全国人大常委会副委员长阿沛·阿旺晋美和全国政协副主席十世班禅额尔德尼的高度重视，经过调查和研究，正式向西藏自治区第四届人民代表大会提交了一份提案。1987 年 7 月 9 日，西藏自治区第四届人民代表大会第五次会议通过了《西藏自治区学习、使用发展藏语文的若干规定（试行）》（简称《规定》）。颁布这个语言法规的目的在于既要恢复藏语文应有的地位和作用，又要服从汉语文是我国通用文字这个大前提，把二者有机地结合起来，实行以藏文为主、藏汉两种语文并用的方针。[①] 因此，从指导思想上看，它既与我国的民族政策和民族语言政策的指导思想相一致，又符合《宪法》和《民族区域自治法》的有关规定。

《规定》共 16 条。1—2 条从《宪法》和《民族区域自治法》的角度阐述了实行以藏文为主、藏汉两种语文并用的原则；3—6 条规定各级各类学校的藏族学生，必须以藏语文为主课，其他课程教学用语原则上以藏语文为主，藏族小学生全部使用藏语教学，从高年级开始增设汉语文；中学、中专和大专院校的藏族学生以藏语文为主，同时学习汉语，另外还对藏文扫盲、藏语授课教师的培养、藏文教材的编译出版作出了规定。7—8 条分别对藏族干部、职工学习藏汉语文、部队学习藏语文作出了规定。9—12 条则是有关社会用语的规定。13—16 条规定：自治区努力发展藏文新闻、出版、广播、电影、电视事业，积极出版藏文少儿、通俗和科普读物。鼓励使用藏文进行研究、创作和演出。同时还就翻译机构的设置、自治区藏语文工作领导机构的设立等做出了规定。

为了全面落实《规定》提出的各项政策，西藏自治区成立了藏语文工作指导委员会，其职责是：研究并决定自治区学习、使用和发展藏语文工作的重大方针、政策；指导自治区藏语文、教学、科研、编译、出版等部门的工作，协调各方面的力量，督促解决和落实学习、使用和发展藏语文工作的重大问题和重要任务，督促、检查各级党政机关、人民团体、企事业单位学习、使用和发展藏语文的工作。[②]

1988 年 10 月西藏自治区颁布《西藏自治区学习、使用发展藏语文的若干规定（试行）细则》（简称《细则》），共 13 章 61 条。第 1 章“总则”共 3 条，其中规定：在民族地区重视使用和发展民族语言文字是党和国家的一贯政策。西藏自治区必须贯彻执行以藏文为主，藏、汉两种语文并用

①《藏语文工作》1990 年第 2 期。

②《藏语文工作》1990 年第 2 期。

的方针。藏族人应努力学好藏语文，藏族干部、职工在学好藏语文的同时，学习全国通用的汉语文。在区内工作的汉族和其他民族的干部职工，也应积极学习藏语文。第 2 章共 3 条，对县以上机关、团体、单位的行文、会议、标记用语进行了规定。第 3 章共 8 条，主要涉及藏族干部、职工的藏语文学习、考核、目标、教材等，其中第 9 条对汉族干部、职工学习藏语文提出了新的规定。

1987 年和 1988 年，西藏连续颁布了两个语言法律，1987 年西藏自治区只是提出了有关学习、使用和发展藏语文的框架，而 1988 年则提出了《细则》。从语言学家的角度来看是非常重要的。从 20 世纪 50 年代到 80 年代末，在这 30 多年中，藏语为什么会出现前面提到的一些问题？虽然说国家和西藏自治区人民政府一直在强调藏语文的学习、使用和发展问题，虽然藏族和其他 54 个少数民族一样一直享受着民族平等和语言平等的政策，但藏语文的学习问题、使用问题和发展问题都遇到了一些困难。主要原因不是政策出了问题，而是我们忽视了社会发展过程中，尤其是西藏在和平解放、民主改革和社会主义建设的巨大变革中，藏语文和汉语文之间发展的不平衡问题。忽视了在少数民族地区，在学习和使用汉语文的同时，优先加强对少数民族语言文字的学习和使用正好是弥补弱势语言和强势语言之间不平衡性的关键。虽然我们在过去的 30 多年间，一直在不停地做这方面的努力，藏语文的发展虽然很快，但还是没有能够更充分地保证藏语文的学习、使用和发展像汉语文那样平稳顺畅。而出现这些问题的真正原因是，在西藏自治区，我们在《宪法》和《民族区域自治法》框架内有关藏语文的地位和学习、使用以及发展的立法滞后了，因而不能通过相关的语言法规来充分保障整个西藏社会对藏语文的重视。

其实反观西方一些国家的情况，在少数人的语言和国家通用语之间也同样存在这些问题，但他们处理这些问题的做法也是通过有关少数人的语言立法，在确立了少数人语言地位的同时，建立起了该语言与国家通用语言的和谐关系。瑞士有四种官方语言，罗曼什语（Romansh）、法语、德语和意大利语，罗曼什人是瑞士的少数民族，人口在 5 万—7 万之间。但是，瑞士通过语言立法，将罗曼什语列为瑞士的官方语言，语言地位和法语、德语和意大利语相同。同样在挪威也是通过语言立法，确定了居住在最北部北极圈内萨米人的语言与挪威语和英语同样的地位。在挪威没有像国家民委这样的政府机关，但是它有一个类似的专门机构和专门的官员来管理、监督萨米语在挪威的学习和使用情况。

因此，1987 和 1988 年西藏颁布的两个语言法规，也是要解决藏语的地位问题，按照 1987 年颁布的语言法规，就是要在西藏恢复藏语文作为通用语言文字的地位问题，这个地位就是要保持藏语与汉语的平等关系，这正好是《宪法》和《民族区域自治法》赋予少数民族语言的权利。由于在法律层面解决了藏语和汉语的平等地位问题，也就逐步改变了过去的错误做法。比如在“文化大革命”时期，西藏很多的会议，无论是会议文件还是会议用语，从自治区到乡村一级，汉语的使用程度都要高于藏语，这种情况是不正常的。但是，西藏后来的情况就完全不一样了，首先，会议文件和用语都是藏汉双语。其次，在学校也是藏汉双语教学模式并行，我们在西藏最终建立了两套教育系统，一个是藏语教学系统，另一个是汉语教学体系。再次，在社会用语方面，西藏各地的街道名字、道路标识基本上都是藏汉双语或者是藏汉英三语；街道店铺名字和单位门牌也是藏汉双语。最后，在司法程序上也都使用双语，藏族人在进入司法程序的每一个环节，都有权利要求使用藏语文。在西藏自治区我们完全可以说，藏族的语言不仅得到了应有的尊重，并与汉语达到了和谐的平衡，同时，也可以说我们有一套强有力的法律法规来保障藏语和汉语之间的平等。

四、西藏语言立法的核心内容以及双语问题

1988 年西藏出台的《西藏自治区学习、使用发展藏语文的若干规定（试行）细则》，对所涉及的内容都做了详细的规定。比如说在学习上，从小学到大学，西藏要建立两套教学用语的语言系统，这就是藏语教学系统和汉语教学系统。比如在新闻出版和传媒影视方面，西藏也同样要建立汉语和藏语两套语言系统。另外，在 1988 年之前，西藏自治区还没有建立

一个严格的语言管理机构，因此对藏语文的学习、使用和发展缺少监管督促的职能部门。1988 年后，西藏自治区根据《细则》的要求，成立了专门的西藏自治区藏语文指导委员会来领导这项重要的工作。从长远来说，正因为西藏自治区颁布了这两个语言法规，藏语文的学习、使用和发展才逐步走上了规范、健康的发展道路，才有了今天藏族群众可以随时打开自己的手机，就能像汉文一样，进入藏文的界面，并可以自由地选择各种藏语网站进行阅读，就可以进入微信或者 QQ 里，用藏文来输入自己的信息，或用藏文来接受信息。在信息技术的发展过程中，藏语同汉语或者是英语一样，不再是弱势语言。在科学技术、信息技术等自然科学领域，社会科学的各个领域，今天汉语、英语等所有大语种能做到的，藏语也都能做到。为什么会这样？说到底关键还是有了这两个语言法规的颁布和实施，它们保证了藏语在整个社会发展当中所应具有的特殊位置。

我们可以想象一下，假如在 1987 和 1988 年，我们没有及时地发现西藏人的语言生活中出现了这样那样的问题的话，假如我们没有及时地制定、颁布和实施《规定》和《细则》的话，今天我们就不得不面临一个事实：当我们想要在信息技术和互联网中建立与藏语文相关的联系时，为时已晚，因为藏语文的原因而给藏族社会的发展所造成的巨大损失或拖累是无法用时间来弥补的。我们的汉语有国家标准和国际标准，保证了汉语的现代化。过去有些人认为汉语不可能像英语那样，在信息技术和互联网技术中自由驰骋，但现在汉语做到了。同样假如藏语没有国家标准和国际标准，藏语能够在这些科学技术中找到自己的位置吗？完全不可能。还好这些假设都不存在了。这是西藏语言立法的伟大功绩。它不光在立法上保证了藏语文的现代化发展，同时，它对整个藏族文化的发展和藏族人的语言生活起到了积极的推动作用，保证了西藏在现代化进程中语言的现代化给藏族人带来的语言红利。

这里我们需要注意一个问题，在《规定》和《细则》这两个语言法规中，首先是强调了藏语文在西藏自治区的通用语言地位。是不是说这两个语言法规中遗漏了某些东西，比如汉语文在西藏自治区的学习和使用问题，其实不是这样的。因为我们在这两个法规中都能准确地找到有关在西藏自治区必须学习和使用汉语文的规定。所以我一直认为上述两个法规的核心仍然包含了藏汉双语的内容，它强调的是在藏语文基础上的藏汉双语的学习和使用。如果只简单把这两个文件看成是在单方面强调藏语文的学习、使用和发展的话，就片面了，就没有真正理解两个法规的内涵和精神。

中华民族是由56个民族构成的，但是从汉语的发展历史、使用的人口数量、承载的文化元素等方面来看都是其他55个民族的语言所不能相比的。汉语是中华民族的共通语，是国家通用语言文字，《中华人民共和国通用语言文字法》规定，56个民族都要学习和使用汉语。这是汉语的历史地位所决定的，无论是哪个民族的语言，都要依据这个法规来制定自己的语言法规。

2000年，西藏自治区对1987年的《规定》和1988年的《细则》进行了修订，这次修订我觉得是非常重要的，它保留了核心的内容，但在语言的地位上强调了藏汉双语。2001年西藏颁布了新修订的《西藏自治区关于学习、使用和发展藏语文的若干规定》。其中有关少数民族语言权益方面的修改体现在第37、47条，其他5条未作修改。同时，有关双语政策的法规得到体现，具体内容在第21、37、47、49、53条中都有详细叙述。从本质上看，《宪法》确立了民族语和汉语的同等地位，《民族区域自治法》又在《宪法》的基础上对民族语的学习、使用和发展作了具体规定，这些规定的精神不仅适用于少数民族干部和汉族干部，也适用于普通老百姓。[1] 同时，它们也符合2000年通过、2001年施行的《中华人民共和国国家通用语言文字法》(简称《语言文字法》)的有关规定。

我觉得《语言文字法》重点强调了两点，首先汉语和汉语普通话在整个中华民族中的地位是第一的，是任何少数民族语言不能替代的。其次就是在中华人民共和国，任何一个民族、任何一个公民都有义务和权利去学

① 苏金智：《语言的声望计划与双文字政策》，《民族语文》1993年第3期。

习和使用普通话。但是,《语言文字法》所强调的这一内容，同1987和1988年西藏自治区所颁布的两个语言法规相比较，有一些冲突。所以在2000年的时候，西藏自治区对上述两个语言法规进行了修订，从而弥补了这个缺陷。而它的表述也和《语言文字法》一致起来。它不仅强调了藏语和汉语之间的双语关系，强调了汉语作为国家通用语言的地位，而且也强调了藏语在西藏自治区和其他藏族地区的地位，所以它解决了汉语和藏语之间的语言地位问题，强调藏汉两个语言的和谐。

今天的西藏，无论是在教育的层面，还是社会用语使用的层面，无论是在司法程序上，还是在新闻出版、传媒影视上，无论是在信息技术上，还是互联网上，藏汉两种语言都可以自由选择。过去我们强调的是以藏语为主，把藏语放在首位，那么今天我们强调的是在西藏这个地方既可以使用藏语也可以使用汉语。西藏今天的双语政策充分保证了汉语和藏语之间的和谐。我觉得能保持语言之间的这种和谐是非常重要的。

五、欧洲少数人的语言立法问题

实际上，我们在研究语言问题时，尤其是研究少数民族的语言问题时，眼光要放长远一点，不能只看到本民族的语言问题，只看到国内的少数民族的语言问题，而应该把眼光放到欧洲，放到美国、加拿大，甚至放到东南亚和非洲。从国际上的情况看，语言问题在世界上的很多国家都一直是政府和学术界非常关心的问题。因为我们都知道，除了宗教之外，即使是用传统的标准来衡量一个民族的民族性，语言无疑也是最能体现人的身份、种族或者文化的一个重要因素。对少数民族语言的尊重或者不尊重，实际上反映出人们或者是一个国家对这个民族的尊重或者不尊重。西方人对少数人语言的态度在不同的国家是不平衡的。具体地说是有的重视，有的不重视，有的二者有之。比如说在加拿大，大家都知道加拿大的魁北克，当进入魁北克后，感觉完全是像在地地道道的法国，在这个地方找不到多少英国人的印迹。这里的语言是法语，文化是法国式的文化，学校教育同样也是法国式的，这里的一切一切都深深打着法国的烙印。就是魁北克这么小的一个地方，它还想通过公投搞独立。我们可以想象，如果加拿大政府处理不好它与魁北克的关系，也会出现很多的问题，甚至是出现国家分裂的严重问题。我在加拿大学习的时候，班上有一些魁北克的中学生来学英语。这些学生虽然出生、生活在法语区，但他们的父母会把他们送到加拿大的其他地区学习英语。所以，魁北克人一般都是双语，而法语是他们的母语。应该说加拿大在处理法语和英语的关系时做得比较好。

大家都知道斯里兰卡有很多民族，包括僧伽罗族、泰米尔族、摩尔族（穆斯林）等民族，其中，僧伽罗族占74.9%，泰米尔族占15.4%，摩尔族占9.2%，其他民族占0.5%。但它最主要的民族是僧伽罗民族，僧伽罗语是这个国家的主要语言。僧伽罗语、泰米尔语同为斯里兰卡官方语言和全国语言，上层社会通用英语。斯里兰卡被英国人统治了将近136年，1948年才独立的。在英国人统治期间，英语对斯里兰卡的语言形成了强大的冲击，英语对当时的僧伽罗语、泰米尔语的排斥是比较严重的，但是斯里兰卡独立后较好地解决了这个问题，既保留了传统的英语语言文化，同时也强调了僧伽罗语和泰米尔语在斯里兰卡的官方语言地位。现在去斯里兰卡大学和一些学者交流，他们同时可以使用僧伽罗语和英语，而且这几套语言体系都是平衡的。

欧洲的情况是什么样的呢？2006年我参加了国家民委的国际合作项目，我们的主要工作是和奥斯路大学的法学院合作，通过对欧洲少数人语言权益保护的研究来观察和分析我国少数民族的语言立法情况和语言权益保护情况。我们访问了欧洲的法国、挪威和荷兰等多个国家，实地考察了挪威萨米人居住地的语言保护情况，访问了欧洲理事会和欧洲安全理事会，了解了欧洲人对少数人语言立法和权益保护的思想和具体做法及成就。我们发现，挪威在1992年就通过了《萨米语言法》来专门保护萨米人的语言。而俄罗斯和芬兰怎么样呢，我后来在这两个国家做相关课题的补充调查时发现，对待同样生活在北极圈内的萨米人，挪威人做到了对萨米语的立法和保护，而上述两个国家却做不到这一点。2006年我访问萨米地区时，专程访问了当地的电视台。电视台有专门的萨米语频道和萨米语广播电台，每天都有不同的萨米语节目，尽管受众很少，挪威还是强调了萨米语的官方语地位。

我们在欧洲还了解到一个情况。在欧洲，语言是带有政治性的。在一些国家议会的席位中，会按照这个国家不同民族的人口数来设置议会席位数量。大家知道，语言的政治地位在西方人的观念里是很高的。强调不同语言尤其是少数人的语言在法律上的同等地位，确保了一个少数民族在这个国家政治生活中的主人地位，确保了一个多民族的国家由于语言的和谐所带来的稳定与和睦。从 20 世纪 90 年代开始，西方很多的国家都预感到了一个不可忽视的重要的问题，这就是如果处理不好一个国家内部的语言和宗教问题，这个国家就很有可能面临分裂。所以怎么去解决或处理好国家内部不同民族的语言问题，成了欧洲国家的共识。德国统一后，开始强调德国不同语言区语言的整体性，并在 1990 年颁布的《统一条约》中首次提出索勃语的保护政策。但是因为德国只是在地方性法规中将索勃语与德语放在同等地位，所以索勃语的保护并不顺利。我们再看看瑞士的情况。围绕着瑞士四周的都是欧洲强盛的国家法、德、奥及意大利，而瑞士也是由操法、德、意大利及罗曼语的族群所组成的，毫无疑问，罗曼语是瑞士的少数人口罗曼人使用的语言。1996 年瑞士在新宪法中将罗曼语列为官方语言。2000 年的新宪法修正版，进一步强调“国家语言是德语、法语、意大利语及罗曼语”。北爱尔兰的情况怎么样呢？北爱尔兰的族群大致分为天主教徒和新教徒。1980 年之后英国政府不再限制天主教徒的语言表现。1998 年《北爱尔兰和平协议》签订后，政府开始兼顾语言的公平性。比利时语言问题就更有意思了，人口占少数的法语要高于人口占多数的荷兰语的地位，因此，两大语族在语言文化上的分歧至今没有解决。法国 1992 年的宪法规定法语为“国语”，甚至规定某些场合禁止使用外语。1999 年法国签署《欧洲区域性或少数民族语言宪章》，少数民族的语言政策有所改变。所以我们一般说，法国人的语言观在早期是有问题的，但后来与时俱进有了新的改变。

为什么 20 世纪 90 年代后欧洲人的语言观发生了这样的变化呢，因为东欧剧变很多国家分裂之后，这些国家都面临着很多问题，其中的语言问题也是他们不敢忽视的现实问题，并在早期一直影响着国家的安定。大家知道在欧洲有一个区域性的宪章，叫《欧洲区域性或少数民族语言宪章》。2006 年我在法国斯特拉斯堡欧洲理事会访问时，听取过这个理事会的专家就该现状所做的报告。《欧洲区域性或少数民族语言宪章》于 1992 年颁布实施，主要是要解决少数人语言的优先性和平等性问题，强调少数人的母语使用权利，强调欧洲语言多样性的保护。这个宪章要求所有想加入欧洲理事会的成员国家，必须要先签订这份重要的文件。比如说匈牙利，要想加入欧洲理事会首先就得签订这个语言宪章，并保证按照欧洲语言宪章的要求，保护匈牙利少数人的语言权益。

这里还想提到一个人，他是奥斯陆大学法学院的艾德教授，他曾经是欧洲少数人保护框架公约顾问委员会主席。他认为各民族的语言都值得尊重，认为在西方人的立法观念当中，注重强调对少数人的保护，强调对少数人语言的保护，强调语言、文化的多样性，世界上所有的语言都没有先进和落后之分，都是人类的财富，因此，我们可以认为对语言的保护和对少数民族语言的珍重是人类的普世价值观。而我国能够对藏语的学习、使用和保护进行立法，这与国际上的做法是接轨的。

在欧洲安全理事会有两个非常成功的案例，他有两个建议书在国际上非常有名，这就是 1996 年的《关于少数民族教育权力的海牙建议书》和 1998 年的《关于少数民族语言权力的奥斯陆建议书》。这两个建议书在国际上影响非常大。分别强调在所有的欧洲安全理事会成员国内部，少数民族受教育的权利是不可侵犯的，后者强调所有的少数人语言都会得到重视，所有的语言都会在语言多样性的框架下发展。

六、中国少数民族语言立法与欧洲的比较

第一，中国少数民族的语言立法以民族政策为基础。从西藏的角度看，无论是《十七条协议》还是 1980 年的《西藏自治区条例》，无论是第一次中央西藏工作座谈会，还是后来的五次中央西藏工作座谈会，都始终强调

了藏语文的学习、使用和发展问题，都有特殊的政策措施。从国家的层面看，我国的少数民族政策一直强调民族平等，各民族的语言平等。自从我国第一部宪法颁布以来，虽然经过不断修订，但是在对少数民族语言的尊重和各民族语言的平等上是从来没有改变过的。可是在欧洲，无论是欧洲安全理事会成员国还是欧洲理事会成员国，无论是德法还是挪威、瑞士等国家，在制定和颁布与少数人语言相关的法律法规时，并没有国家层面和区域性层面的语言政策的支撑。苏联解体前这样的政策支撑虽然存在，但解体后这样一个语言政策背景就消失了。

第二，我们的语言立法始终以宪法为支撑，我国少数民族包括西藏、内蒙古和新疆等地区的语言立法，既强调语言个体的特性和地位，又强调了它们与国家通用语言之间的统一性，注重国家通用语言和各少数民族语言之间的和谐。而欧洲少数人语言的立法，只在乎某一少数人语言与国家主体民族语言的同等地位问题，但对如何保持国家通用语言和少数人语言之间的和谐关系，则关心得不够。

第三，中国的少数民族语言立法，不仅注重语言本身的学习和使用，更注重语言的发展问题。而欧洲的少数人语言立法则对其发展关注得不够。历史上有很多人比较担心藏语在现代化的过程中能不能跟上时代发展的步伐，能不能承载科技发展、社会发展，能不能满足发展和文化发展对藏语提出的新要求。今天的事实告诉我们，藏语是能够做到的，而且和汉语、英语等大语种语言一样发挥着相同的作用。

这一点我在很多场合都讲过，作为一个汉族人或者西方人，没必要为藏语的昨天或者今天担心，藏语在发展过程中，确实还存在一些问题，但从总体上来看藏语的发展，仅仅用了五六十年的时间，就能够像汉语和英语等语言一样，在科技、互联网和信息技术上发挥着重要的作用。应该说这就是藏语的立法给藏语带来的发展。当然藏语在发展过程中，在新词术语的审定、颁布、使用上，在藏语社会用语的规范问题上，都还存在问题。但是在国家的层面，在西藏和其他涉及藏语使用的省区，都在努力做工作，都在积极地创造条件改变这种情况。大家知道，教育部有个藏语术语标准委员会，它的秘书处就设在中国藏学研究中心，而我有幸担任常务秘书长。每年我们都会把当年出现的热词、新词翻译出来，并由藏文翻译审定专家委员会进行认真的审定，最后向全社会颁布使用。

第四，中国的少数民族语言立法除了有预期的民族语发展目标外，还关注实际的操作、监督、指导和管理。欧洲少数民族语言立法早于中国，取得了多方面成就。但很多国家的宪法和少数民族语言法规缺少具体的民族语保护和发展的预期目标。缺少民族语管理机制，因此，在实施中往往停留在法规的字面规定上。

中国民族学人类学的发展现状与未来走向[①]

周大鸣

一、中国人类学、民族学发展概况

（一）民族学、人类学在国内社会科学领域的影响不断增强

中国的民族学、人类学发展到今天，其实有一本书是我的一个朋友顾定国写的，从副标题看是讲人类学从马林诺斯基到莫斯科到毛泽东时代[②]，有一个发展的过程，还写了一篇文章叫《变迁之风》，是用一种“风”来概括整个中国民族学、人类学发展的历史。中国的人类学发展是一种“西风”，人类学是从西方引进来的一门学科，我们的前辈都是去美国、英国求学，然后回来开始办人类学，像吴文藻，哥伦比亚大学毕业；李济，哈佛大学毕业；费孝通，伦敦政治经济学院毕业；林耀华，哈佛大学毕业。中山大学人类学系的杨成志先生，法国巴黎大学毕业，都是海外留学回来的。民国时期，在中山大学、清华大学、浙江大学、国立中央大学、燕京大学都建立起了人类学学科，并且还出了很多著作，所以把那个时期叫做“西风”。其实民国时期是不幸的，从 1937 年抗日战争全面爆发后，一直处在游离动荡之中，学术的发展相对来说不太稳定。等抗战胜利后，全国

① 本文是中山大学移民与族群研究中心主任、博士生导师周大鸣教授于 2016 年 6 月 30 日在西藏民族大学“藏秦讲堂”（第 8 期）的讲学内容，经周大鸣教授审阅定稿。

② ［美］顾定国著，胡鸿保、周燕译：《中国人类学逸史——从马林诺斯基到莫斯科到毛泽东》，社会科学文献出版社，2000 年。

有八所大学先后建立了人类学系，但是等到全国解放后，这些学科又不幸被取消，这是一个很重要的学术背景。

在那个全面学习苏联的年代，民族学跟苏联有很密切的关系，特别是我们的民族理论、民族政策，给老一代的领导人很多启示，像李维汉等到苏联留学，受到苏联的教育，他们把苏联的民族政策搬过来，所以顾定国先生称其为“北风”，用来概括莫斯科、苏联对整个中国高等教育的全面影响。我们原来按欧美传统建立的大学体系被打乱，重新按苏联体系建立起一套新的制度，苏联体系专门性很强，很多专科学校，把很多综合性大学拆散，同时与苏联相悖的学科就被取消。中国的民族识别、制定民族区域自治法均参照了苏联的民族理论，也结合了中国的实践。林耀华先生当时编写的民族学调查手册，以及民族学的著作基本上是按照苏联模式做的。最典型的就是按照斯大林的民族定义，即“有共同的语言，共同的经济，共同的地域，共同的文化意识”的四个共同，并按照这样一套理论定义中国的民族。改革开放后，中国所有学科全面恢复，顾定国先生说是“春风”，这三股风就是用来概括中国民族学、人类学发展史的。

实际上，中山大学在1981年开始建立文学系，当时有文化人类学的硕士点和博士点，这是新中国建立的第一批，中央民族大学在1984年才获得人类学的硕士点和博士点。改革开放后，民族学专业第一本《中国民族学概论》在中山大学出版，第一门民族学课程也是在中山大学开设的。现在看虽然不引人注目，然而在当时的确是打破了苏联模式，这是尤为重要的。后来关于这一类民族学、人类学历史的书，除了顾定国先生的这本外，还有王建民教授写的一本《中国民族学史》，此书分为上下两卷，上卷主要是讲1949年以前的学科发展与状况，下卷是讲解放后的，学术界争议比较大的是下卷。经过这么多年的发展，其实全国目前有民族学博士授予权的单位大概20个。通过学科评估，可以看到中国民族学、人类学发展的状况，全国所有开设人类学、民族学博士点的单位都要参加学科评估，通过这个方式，学术界就会知道这个学科发展到何种程度，因为以前从来没有这么重视做一个如此全面的学术评估。

经过这么多年的发展，总体上来讲民族学在国内社会科学领域的影响在不断加强。这个学科的发展其实还是有很多的困难，因为很多人认为民族学不像一个学术性很强的学科，越来越像民族工作，越来越像民族问题。在国家社科基金评审会上，我提出“民族问题”专题的提法是不科学的，因为这不是一门学科，而且难道民族本身就是有问题的吗？目前在国家社科基金指南目录中有几十个学科组，而其中只有两个组是以“问题”命名的，一个是国际问题组，一个民族问题组。现在提到国际关系的研究也是如此，难道跟别的国家打交道就有问题吗？这些都是需要重新思考和解决的问题。

其实在当下公共媒介，民族学、人类学的影响在不断增强，所以前一阵子我组织了一批学者，在《文汇报》发了八个专版，找了八个不同研究领域的教授写了八篇文章，就是讨论人类学的发展，其中我写了一篇关于在移民时代人类学应该怎么发展的文章。

两个星期前，我在中山大学召开了第一届中国互联网人类学论坛，会议在国内外做了广泛的宣传，多家媒体和专业期刊对此次会议作了详细的报道。此次会议是与腾讯公司合作举办的，目的是在国内推动互联网人类学和相关民族学研究的发展。腾讯公司现在做了一些很有意义、跟人类学研究很贴近的项目，他们在贵州、四川、湖南湘西和云南的农村，利用互联网做了一个村级的微信平台，为村里脱贫、发展做一些发展性的试验。就是说他们请华为公司免费送一批手机给村民，帮他们建立起一个微信公共平台，村民们可以信息共享，买卖东西都可以在这个平台上完成。村民也用这种平台发展旅游，国务院扶贫办都想以此作为一个推广，把它叫做“为村”。在信息时代用互联网花钱不多，并且有实效，特别是有互联网后，对于旅游，对于游客方便很多，对于村子里的土特产品的推销也方便很多，所以用这样一种方式来脱贫。这样来看，学科也要与时俱进，不要停留在传统的民族学、人类学的研究话题上。前几年，我跟朋友推动工商人类学的发展，还办了一个 International Business Anthropology 英文杂志，杂志已经办了 5 年，在美国出版。在这样一个时代，工商企业占的比重非常大，对于这样一种类型的企业人类学不去研究，将来可能就会被淘汰，工商人类学做企业的研究我觉得也是很重要的，推动人类学进入到企业里面，在工商行业做研究。上个星期，在北京召开了工商人类学的第五次会议。

（二）注重跨学科的交流，对其他学科如历史学、经济学、生态学等相关理论的借鉴和结合

刚刚讲的互联网的、金融的、工商的人类学研究其实就是一种跨学科的合作，一种跨学科的交流。其实在现时代，跨学科的交流越来越多，像中山大学人类学系跟历史学系的合作，创立了一个历史人类学研究方向，刚开始历史学界也不接受，人类学界也不接受。现在得到了广泛的认可。陈春生成为历史学会的副会长，因为他在新的领域倡导了一个新的研究方向。但其实原理很简单，历史学过去主要是利用现成的文献资料，人类学主要是做一个现实的调查，两者相结合，利用人类学的调查方法去找新的史料，同时用人类学现实的方法去解释史料，这就是不一样。

另外，我刚刚讲到和经济学合作的工商人类学也很重要。我的移民与族群研究中心团队不久前引进了一个剑桥大学毕业的博士，他就是做工商人类学的，我建议他做一项很有意思的研究。去过中山大学的人都知道学校对面有个看起来不起眼的布料批发市场，但是销量占到全世界布料销售的 30%，市场是由千千万万个小企业构成的，每一个门面都很小，但是构成了一个极大的专业市场。其实这样的集群最突出的典型是中山古镇，其灯具市场占全世界的 70%。但是这里所有的企业都是小规模，没有一家大企业。对于这样一种专业市场，经济学家的介入和人类学家的介入都很少，我就把这个题目交给他做，我想要去讨论为什么在中国不能形成规模化的大企业。例如中国的国有大企业普遍没有生命力，但中国可以形成大市场，千家万户的小企业可以构成一个大市场。我自己的一个理论预设是：与中国五千年农业文明形成的小农经济有关，以家庭为单位的生产方式使得每个家庭要与市场联系。例如施坚雅讨论的中国市场体系，他强调中国过去市场体系很发达，一个大的镇肯定有“墟市”，而大一点的村落也有，只是有的是三天一墟，有的是五天一墟。在整个中国农村，再偏僻的地方，都有很发达的“墟市”，辐射面很广，所以有人说中国的市场经济不发达，这个判断是有问题的，中国过去市场经济很发达，只不过是跟西方的市场经济不一样，我们是由千家万户的小农经济参与进来的市场经济。黄宗智写的两本书，一本讲长江流域的（《长江三角洲的小农家庭与乡村发展》），一本讲华北农村的（《华北的小农经济与社会变迁》），小农经济人多地少，精耕细作，农忙的时候，大家都有活干，农闲的时候，大家就去从事手工业、副业，生产的产品就要进入市场，进入市场就要形成市场体系，所以中国的历朝历代为什么重农抑商，就是因为商人致富太快，商人太强大，所以要制定政策去压制他们。中国的历朝历代从来不缺大商人，像长安，从吕不韦开始，从来不缺大商人，好多是富可敌国的。因为经商可以迅速致富，所以作为朝廷，要保护农业发展，需要抑制商业。因此中国不缺市场，不缺商人，这是我自己对中国传统社会的基本看法，跟主流经济学家不一样。我就建议我的研究人员去研究布匹市场，去调查为什么中国是由千家万户小的企业构成大市场，例如典型的义乌小商品市场，全是小企业，没有一家大企业，而且里面有很多的发现跟我们现代的西方的金融学不一样。现代的西方融资方式，主要是通过金融、银行、保险这些行业，而中国的市场，主要是通过民间、私下融资的方式，来完成资本的流动，这是很不一样的方式，但是很有效，费孝通的《江村经济》大家都看过，《江村经济》里面讲到“标会”，“标会”就是集资，是将每个人手上的资金集中起来，让一个人去经营。其实中国有很多这样的民间融资方式，这可能是在中国人与人之间的信任机制不一样，导致我们融资的方式也不一样，所以说中国的商人很有钱，他不到银行去贷款，银行也不会贷款给他们这些小老板，他们自己私下里完成这些金融借贷。

当人类学跟生态学等其他学科交流越来越多的时候，其实就会越发感觉到中国的所谓“学科”之所以存在是人为划定的。像经济学、数学、物理学，这都是人为划分的。其实做任何一门学问，可能都离不开其他学科里的基本概念和理论，所以我们讲理论也好，方法也好，学派也好，这都是人来划分的。我曾经写过一篇文章，讲中国早期民俗学的理论，结果当时文章中提到的学者其中还有在世者，例如杨成志先生、梁钊韬先生，我就去访谈他们，他们说“你把我划分到这个学派不对”，当时我其实是按照他们自己的学术成果来划分，结果他们自己都不认同这样的划分。实际上对这种划分大家不要太刻意地机械理解，要有所突破，现在为什么强调跨学科的理念，就是过去那种画地为牢的方式已经过时，没有办法再继续向前推进。当然现在社会科学受到一种限制，要产生新学科很难，但是自然科学不断有新兴的学科产生，就是说原有的学科涵盖不了这些研究领域。

（三）国际性的交流增多，国际性的学术会议召开，相关著作的评价也很多

我觉得其实做人类学、民族学我们还是有学科自信的。我们这个专业的研究者拥有第一手资料，有亲身的经历，我们可以很平等地对待国际上的任何所谓“大家”，我知道的东西他不知道，他写出来的书，知道的东西我们知道。这样一来能够平等地跟国际上的学者对话。我想能够平等地和国际对话的学科不多，大概只有历史学、中文、人类学、民族学才可以，这也是为什么那么多国外的学者来中国做人类学、民族学的原因。中国是一个宝库，任何不来中国做研究的学者等于放弃了这座宝库，还有考古学也是可以在国际上平等对话的，在中国一流的考古学者在全世界也可以算是一流的考古学者，当然学者之间平等的对话不能排斥与国际的合作与交流。这是两个不同的概念。

（四）增强学科的应用性，注重对社会问题的解决

中国人讲“天下兴亡，匹夫有责”，士大夫流传下来的要以天下为己任的传统一直继承下来，因此中国的知识分子学以致用的传统就一直保留下来了。我在《光明日报》曾经写过一篇文章，就是讲中国人类学的应用传统。从吴文藻时代、费孝通时代、林耀华时代开始，所有的人类学家、民族学家都想着怎么学以致用，费孝通先生总结“志在富民”，他自己评价自己的一生用四个字概括——志在富民。这个就体现出中国的人类学研究应用的目的太强，我建议中国的人类学研究一方面是要强调应用，但是应用研究离不开基础研究。我一直强调人类学和民族学要发出自己的声音，要从研究开始，从研究的应用性层面对国家和政府的政策制定产生影响力。我建议应用研究不是停留在在期刊上面发表文章，不是停留在报纸上面，而是真正应用到决策之中，对需要者发出声音。再有就是注重对社会问题的解决，现在学界普遍有种忧虑，就是民族学在向民族问题和民族政策方向转变，而在学科理论和方法介绍方面就比较缺乏。学科发展到今天，研究方法发生了变化，理论需要重新修正，一个学科的理论解释力越强就说明其应用能力越强。

（五）重视国内的民族关系以及少数民族发展的问题

就这个问题来说，单纯靠民族学和人类学的关注还不够，像在美国这样的移民国家，族群非常多元，基本上所有主流学科都会关注族群问题，例如做经济学研究，做法律研究，如果不关注族群问题，制定出来的法律就没有普适性，应用起来就会出问题。例如最近放开的允许生二胎的政策，全国人民都很开心的，因为我们的文化不是一个独生子女的文化，不是一个不生育的文化。像很多发达的国家、地区，它的人口增长率是零，或者是负增长，这些地区的人不愿意生育，但是中国的文化不一样，它是鼓励生育的文化，像孔夫子讲的，“不孝有三，无后为大”。

所以重视国内民族关系和其他少数民族发展，除了人类学、民族学要发出声音外，还要带动其他学科也发出声音。要知道中国的发展是不平衡的，内部差异性较大，地区的发展不平衡，民族的发展不平衡，性别不平衡等很多的差异，要想在短期内用一个政策来解决所有的问题是不太可能的。

二、中国民族学、人类学的基础理论与方法研究

（一）民族概念及其理论的中国化问题

最近这几年，在基础的理论和发展方面也有很大的进展。关于中国化

的讨论，20 世纪 80 年代，曾有很长时间是人类学怎么中国化、民族学怎么中国化的讨论，20 世纪 70 年代，在台湾也有过类似的讨论。学科如何中国化，有人有不同的意见，很多人认为学科是世界性的，不需要中国化。有人认为民族学、人类学中国化这个话题是可行的，引起了讨论。同时还有对民族概念的讨论，因为人类学、民族学对于民族的认识是不断变化的，所以概念也在不断变化。像“科学”这个概念，其实不同时代的定义也是不一样的，“民族”这个词也是一样的。今天民族这个词汇的概念跟 20 年前差异很大，所以现在很多人翻译“民族”就用“Minzu”，就用汉语“民族”的拼音，其实就是在外文翻译的时候，没有一个很准确的英文词汇能描述现在中国的民族概念。现在民族这个概念本身就已经包含了中国化、中国特色的要素在里面，它跟原来英文里的 nationality 是不一样的，有很多人有过这样的讨论，所以在中国，民族这个词最为重要的是强调它是一个法定的概念，不是所有的人都可以成为民族的，要有识别的过程，还要经过全国人大常委会的批准，才能确立一个民族。习近平总书记在全国民族工作会议上的讲话中指出，民族识别工作不再做，所以说“夏尔巴人”想要成为民族已经不可能。其实不再批准新的民族设立，可能将来会有新的问题，因为中国正从移民输出国向移民目标国转变，中国过去有俄罗斯族、朝鲜族、哈萨克族，这些民族在国外都是国家，但是现在中国有大量的外国人，例如尼日利亚人、加纳人、日本人、韩国人，另外还有很多非洲国家的移民，现在非洲起码有几十个国家的人在广州。另外是不是所有人都要归属到一个民族也是一个问题，现在学术界也在讨论是不是要淡化民族的概念。如果说所有人都要有一个族的认同，那这些生活在中国的外国人群体该如何认定，那肯定会有问题的。

有很多人讨论关于中国民族的定义，实际上中国早就突破了斯大林关于民族的定义，例如中国把回族划定为一个民族，就已经突破了斯大林的定义。因为回族没有共同的生活地域，没有共同的语言，没有共同的经济基础，只有共同的信仰，如此将其划定为一个民族，显然已经突破了斯大林关于民族的基本理论范式。

从上述的讨论可以看出，民族既是一个法定问题，同时本身也是一个政治问题，一个与政治相关的研究主题，所以为什么我很早就开始用族群这个概念来区别民族？因为这是一个学术概念，我认为一个群体只要有一定特色的内涵，有一定的边界，就可以作为一个族群，其作为一个学术的概念比较方便使用，像夏尔巴人、穿青人作为一个族群大概就不会有人有意见，但是如果说它是民族就不行，所以我一直提倡要用比较学术的概念来概括这样一些特定的人群。

（二）民族识别

对民族识别的讨论从批判到开始比较客观的评价，是对民族识别过程一个客观的描述。改革开放初期，对民族的识别都是按照社会发展的形态来做的，当时的社会历史语言调查基本是按照原始社会、奴隶社会、农奴社会、封建社会这样的社会形态来划分和研究的。所以童恩正写过一篇文章（发表在《中国社会科学》上），就是对民族识别过程的讨论。对于中国少数民族识别比较客观的评价，像费孝通先生《迈向人民的人类学》一文中提到，作为一个新中国，有这么多的人口、这么大的地域，我们要给自己的人来算账，看我们到底有什么样的民族，有些什么样的人群，他说这就是一个很应该做的事情，因为我们原来就是一本糊涂账。像孙中山先生成立中华民国时说的“五族共和”，当时到底有多少民族，我们没有算过账，所以做民族识别这样的事情也没有什么可指责的。至于怎么样来制定识别的标准，跟当时的意识形态与领导人的理念是息息相关的。但是不管怎么样，在当年做的这样一个基础性的调查，至少给我们留下了一笔宝贵的财富。其实后来的一批民族调查材料比不上先前老一批的材料，那个时候做调查，交通不发达，文化保存得比较好。当时做调查的学者受到的专业训练不错，去做调查的时候编写了很详细的调查提纲，有一整套如何收集资料的方法。不同的区域由相关的人负责，形成了一个系统的调查网络，而不是随意的调查。当然这个时期的调查也有一个问题，就是假设某一个民族处于某一个社会形态中，因此收集的材料也是按照社会形态进行归类，像西昌的凉山彝族奴隶社会博物馆，从名字可以看出当时社会基本的意识形态。过了近半个世纪，现在开始有人重新检讨关于民族区域自治的问题，习近平总书记对于民族区域自治的评价是很全面的，基本上接受了费孝通先生多民族多元一体格局的说法。

（三）学科建设与研究方法

在学科建设方面，这些年人类学、民族学发展较快，我们一直在为人类学怎么样建成一级学科而努力奋斗，我们一直在做这样一件事，因为我们当时还是错过了一些比较好的机会。比如 1995 年的时候，费孝通先生提出民族学、人类学、社会学三科并立、共同发展的格局，但后来因为一些原因没有做成。大家反对费孝通先生提出这样一个说法，因为按照当时他那么高的社会地位和学术地位，要将人类学做成一级学科并不难，后来他自己也觉得比较遗憾，人类学没有成为一级学科。这其中涉及的就是中国的人类学、民族学如何跟国际学术对话的问题，现在国际上机构的名称以民族学来称呼的非常少，基本上都是以人类学名称出现的，包括德国，早年蔡元培先生到德国留学的时候，那个时候德国把人类学叫做民族学，所以他回国后写了一篇很有名的论文，叫做《说民族学》，在 1926 年发表。我前些年去过德国，到过很多德国大学，现在德国的大学人类学系很多，而几乎没有叫民族学系的，所以欧洲大陆也发生着变化。其他的国家也是，像法国、意大利、比利时、荷兰、挪威都叫人类学，没有叫民族学的，所以怎样跟国际上的同行对话，我觉得学科的名称还是有一定的意义，而且如果把民族学与人类学等同起来也没问题，但是中国民族学的建设没有按照人类学的思路来建，两个学科的界限还是相对明显。

人类学如何反思民族问题，包括国家话语权与全球体系的问题。因为现在是全球化、互联网的时代，跟过去不一样，现在一个小区域发生一件小事情，它会成为一件影响全局的大事。可能在过去，比如警察打死一个人不太容易引起关注，但是在互联网时代就会成为一件大事。在过去，死人在一个国家可能都不算一个事件，但是现在有了微信，可能这样的事件一天就传遍全世界，我想民族的问题也一样。

学术伦理如何体现人类学的使命，这就是我刚刚说的人类学、民族学如何加强它的学术性，其实每年我去参加评审国家社科基金都会有一点伤感，原因是我发现，跟其他学科相比，民族问题组申报课题的学术性相对其他学科来讲比较弱势，大量重复的题目每年都会出现。民族学如何加强自身学术的建设，理论和方法的建设是一个需要突破的关键性难点。

在研究方法上，除了传统的参与式观察、访谈和文献以外，还有很多新的研究方法、路线需要我们去探索。最近《民族研究》上连续发表了几篇关于民族志编写的文章，也有人专门讨论在互联网时代虚拟民族志的编写。因为现在真的可以足不出户，在网上搜索自己所需要的资料，进入到某一个平台，进入到某一个网站来做互联网的研究，所以有很多新方法论都要讨论。因此，“局内”和“局外”，“线上”和“线下”有很多方法需要讨论。互联网时代一个人线上、线下的表现是不是一样的问题，包括研究者也是，到底是作为一个旁观者，还是一个局内人，都会对研究的结论有影响。

（四）亲属关系研究

当然人类学也还是有一些老的话题，例如亲属制度在民族学、人类学里面研究的比较多，比较熟悉的研究像摩尔根的关于亲属制度的研究。其实在中国社会，亲属制度，我自己认为至少在汉族社会中的亲属制度是最复杂的。汉族社会的九族，包括汉族的宗族研究都发展成了一种范式。关于婚姻家庭的研究，关于亲属制度的研究，在民族研究里面对于少数民族亲属制度的研究，好像除了蔡华教授和他几个博士生在研究外，其他人很少关注。亲属是构成社会的一个基础，大家知道组织需要一个组织原则，亲属制度就是中国人类社会最早的组织原则，按亲属关系的远近亲疏进行划分，亲属的远近是一种文化性的，不完全是生物性的，当然是按照婚姻、血缘将其连接起来的。

（五）译介国外理论方法

译介国外的理论方法是一个很重要的工作，关于民族志的方法，有很多人做过这方面的翻译，商务印书馆出版了一整套国外的民族志，还有后来对民族志批评的，像马库斯那几本关于民族志反思的书也翻译出来了，但是很可惜，Stocking 的那套书没有人翻译，其实我觉得那套书更重要，Stocking 的那套书有八本，关于民族志的反思，其中有一本书很经典，得过人类学的奖，叫做“After Tylor”，但是没有人翻译，很奇怪的。我个人不喜欢翻译，觉得翻译太难，但是我们这一类的人不去翻译，可能也没有几个人可以翻译得比较好，这一类的理论书籍是需要有人类学功底的人去翻译的。为什么要去翻译，一是因为原版书太贵，还有就是这么多年在西方，人类学也在不断发展，我愿意做这一类的组织工作，我曾经组织翻译了一套书，叫做考古学理论丛书，当时是打算翻译十本书，但因为翻译不算学术成果，所以我很难动员大家去做这件事，这也是很多较优秀的学者不愿意做这类事情的原因。这是一个误区，翻译绝对不是一个纯语言的互译，没有这方面专业学术功底的人真的翻译不出来，所以我组织的那套书主要是以我们学校的教授为主要翻译者，书的反响很不错。从事这方面研究的应该看看这套书，其实还有郭立新老师翻译的《民族考古学》。另外还有人类学理论流派的发展，其实在我编写的《文化人类学概论》里面，人类学发展早期的理论都没有被放进来，写的都是 20 世纪 70 年代以后的人类学理论。

三、中国民族学、人类学的应用性与对策性研究

（一）跨界民族与海外研究

应用性与对策性研究，在民族学、人类学问题上，跨界研究和海外研究最兴盛。每个学校都在倡导跨界研究、海外研究。陕西师范大学成立了跨界民族研究所，像西北、云南那边都有这样的研究所，因为我国本来就有很多跨界民族，像乌兹别克、哈萨克、苗族、傣族等，还有倡导人类学

做海外研究，包括中央民族大学包智明教授的世界研究中心每年派出十几人去海外做调查。中大人类学系也在倡导，最近有学生在印尼、马来西亚做博士论文的调查。跨界民族和海外民族志当然是人类学应用研究的范例，因为中国在很短时间内成为一个强国，需要和很多的国家和民族打交道，比如同东盟的经济往来和外交，就需要我们对东盟的历史有点了解，但是之前我们对东盟的现状几乎是一无所知，像国体、政体，对当地人群的划分，基本的宗教信仰很多东西都不太熟悉，所以现在人类学走出去做这样的调查，从最基本的文化了解起，对于中国认识邻国，同不同的国家交往来说，做人类学的海外研究对中国有很多帮助。同时从人类学的角度来讲，通过观察他者来反观自己也是很重要的，不应只观察我们中国人的东西，也要观察我们以外的东西。因此海外民族志也还在持续讨论，像每年北京大学高丙中教授都会召开这样的会议，来讨论海外民族志的问题。越来越多的人类学家在做这方面的调查研究，不断积累经验。

（二）宗教人类学

现在宗教人类学的研究也很多，二战以后，亨廷顿写了《文明的冲突》，他把文明按照宗教信仰来划分，因此宗教之间对话的研究就越来越多。宗教学研究的学派也在扩展，宗教与生态学之间的跨学科研究也越来越多，西藏寺庙旁边的树都保存得特别好，苗寨、瑶寨里面也一样，凡是被命名为神山的地方原始森林都保存得很好，可见宗教与生态的关系。

还有对仪式、宗教传播现状的研究也越来越多，虽然有些问题较敏感但不能不面对，如果因为敏感就禁止相关的仪式或宗教的传播，很多的宗教就会把每个宗教场所转移到家庭里去，其实还是在做这些事。

（三）生态人类学

生态人类学刚好跟党的十八大习近平总书记提出的生态概念相关，现在生态有两种，一种是自然科学的生态，一种是人文社会科学的生态，有两种观点，在生物学里面现在专门建立起一级学科叫生态学。感兴趣的同学可以去检索生命科学里面的生态学是如何定义的，这个学科做什么研究？民族学、人类学里面的生态学是如何定义的？对比后会发现这个概念在不同的学科中差别很大。

“生态移民”这个概念最初不知是谁提出来的，现在很多人开始做相关研究。当然这样的设想是好的，比如为了保护好大熊猫，把大熊猫活动的核心区的人们搬出来，这被称为生态移民。还有就是在草原地区，例如在三江源流域只要是跟水源有关系的区域，就把当地人搬出来以保护生态；再有就是把生活在环境比较恶劣的地区的人搬迁出来。另外在20世纪80年代改革开放后一个很有意思的现象，就是社会的认知认为定居比游牧进步，定居与游牧与我们这个学科是很相关的东西，一个民族为什么要保持游牧？为什么政府要强制牧民定居？这些都是需要深思的问题。

生态与文化的关系，我曾经到过青海循化撒拉族自治县，每个村子都很干净，树木保护得很好，所以我就说这才是社会主义新农村，很好地把生态与文化结合起来了。

四、中国民族学、人类学研究的主要问题和展望

（一）研究方法不够规范，实地调查不够深入，应用性研究中缺乏理论深度

现在关于民族关系、民族发展、民族政策、民族认同、民族教育的研究很多，每一个方面都有很多研究成果，但是大多是重复研究，例如瑶族研究，我专门统计了一下，发现有关的文章很多，文献也特别多。这造成的一个问题就是我想做个关于瑶族的文献综述都不行，文献太多了，仅近十年的文献就超过一万篇，但是这些文献中很多是重复的，甚至有的文章连名字都大同小异。同时我发现的另一个问题是关于瑶族的研究方法不够规范，实地调查还不够深入。如何加强学术研究的规范性是一个大问题，我曾经发现一个大学里的博士论文全篇没有一个注释，将近20万字的论文没有注释，这就是典型的学术不规范。另外实地调查不够深入，比如一

个博士生在甘南做回族的教派研究，当地人说他去他们村子里只做了一个星期的调查，回去后就写了篇博士毕业论文。做民族学、人类学的博士论文，调查只有一个星期，那这个博士论文的田野调查显然是不够深入的。还有就是重复劳动，最典型的是广西的京族，京族三岛人口总数加起来不足 1000 人，但是关于京族的论文总数加起来远远超过 1000 篇，所以我就开玩笑说，做研究的人比京族三岛本地人还多。

（二）海外研究薄弱

海外研究相对比较薄弱，因为关于这部分的研究才刚刚开始，最近几年我们国家开始投入比较多的经费用于做这方面的研究。另外就是海外研究薄弱的原因跟语言有关，如去泰国做调查要讲泰语，去老挝做调查要讲老挝语，如果调查者不懂这些语言，做调查也很难，所以语言的训练要与专业的训练结合起来。

（三）封闭与盲从的倾向

现在学术界有两种说法，一种就是认为不要学资本主义的东西，对国外的研究全盘否定，一直严格禁止使用国外的教材。另外一个倾向就是对国外的研究了解不深，学术界叫“半桶水”，听到一个新的概念大家就盲目地追随。其实做研究的时候，当你应用一个新的概念到具体的研究中时要考虑这个概念适不适合在中国的文化和社会语境中使用。要辩证地把握这个学术概念是在一个什么样的背景下提出来的，所以要把这个概念的语境搞清楚。

（四）客观性与民族主义情绪问题

因为现在学术界很多的民族研究是本民族的学者研究本民族的文化和社会问题，这里面就会涉及学术伦理的问题，就是本土文化的持有者如何在研究中克服民族的自我中心主义，做到客观描述和研究，这是一个值得探讨的问题。

（五）研究展望

1. 中国学派问题

民族学、人类学经过一百多年的发展，在未来如何发展成中国学派是一个需要思考的问题。中国民族学、人类学经历了多年的恢复和发展，积累了相当多的民族学、人类学资料，做了大量的基础性调查，未来我们如何在这一基础上发展出符合中国民族特色的理论与方法，提出符合国情的研究概念，创立中国学派。其实现在社会学也在讲创立中国学派，确实经历了这么多年的发展，我们还是有这种文化上的自信的。

2. 民族学、人类学与全球化问题

20 世纪 90 年代以来，席卷全世界的第三次民族主义浪潮和宗教主义信仰、新时期以来社会转型中民族问题和民族关系的促进如何在民族学、人类学的研究中得以反映是接下来的重要工作。新世纪以来，各种各样的思潮在影响着中国，我自己经常讲，中国最重要的一个变化是现在已经进入一个移民时代。抛开国际移民，就讲现在的境内移民，流动的规模越来越大，频率越来越高，少数民族的分布同过去相比已经发生了相当大的变化。像广州、深圳、上海、北京这样的城市，55 个少数民族是都有的，也就是说可以从中反思原来民族区域自治法最大的缺陷是假设少数民族是不流动的，被固定在一个区域里面活动。但是在移民社会里，所有民族的人都在到处走，像西南民族大学的教授到广州去做藏族研究工作，这是因为有很多康巴藏区的藏族流动到广州去做生意；贵州大学的教授到广东去做苗族研究，因为黔东南大量的苗族到广东打工，做生意。这其实就是说明少数民族也在移民的浪潮中走向了全国各地，我们所谓的民族研究不能再局限在传统的民族地区、边疆地区，因为现在所有的地方都是多民族共存的状态。以前中国还有单一民族的城市，现在单一民族城市已经不存在了，就好比欧洲单一民族国家已经不存在了一样，中国单一民族城市也已成为历史，所以研究民族学、人类学的学者如何发出声音，让全社会共同面对这样一种多元的民族共存的社会，这是很重要的。中国政府一直提倡要构建和谐社会，其中减少民族冲突、减少民族问题是很关键的。民族问题牵一发而动全身，很小的事件会影响到全国，在一个移民时代，如何做民族学、人类学的研究，如何将研究同社会政策结合起来需要我们更多的思考。本来广东的少数民族不多，经过改革开放以来 30 多年的发展，现在已有几百万人，这些少数民族来自全国各地，到广东来打工、做生意。为此广东成立民族研究院，因为少数民族大规模流动是一种新的现象，过去沿边沿海的少数民族流动到发达城市，这对于人类学和民族学来说是全新的课题。当然包括做民族工作的政府人员在内，如何来面对这种新的民族分布结构，需要全新的思考和应对。例如对于藏学家来说，现在的藏族不可能只在几个藏区活动，全国各地现在可能都有藏族的分布，藏族文化的影响就延伸得更远。过去可能没有人去认真做这样的研究，所以说有好多新的课题等着我们去做，研究也要从原有的民族分布地区拓展开来，总之，未来中国的民族学和人类学研究大有可为。

旅游服务标准化体系构建研究[①]

朱普选

随着社会经济的快速发展，人们的生活已快速走进服务经济时代。各国产业结构调整重点正逐步向以服务业为主的相关产业转变。服务业快速发展需要有科学合理的管理方式与之相适应，因此标准化、规范化成为服务业发展的必然要求。

一、旅游标准化基本概念

（一）标准化定义

据 2004 年国际标准化组织定义，“标准化”是对实际与潜在问题做出统一规定，供共同和重复使用，以在预定领域内获取最佳秩序的活动。虽然标准化定义多种多样，但有三点是其重要内涵：一是必须具有共同使用和重复使用性质；二是制定标准的目的是为了在一定范围内获得最佳秩序；三是标准制定需要经过一定程序和过程，相关方协商一致、公认机构批准。

（二）服务标准化

在服务行业领域，以标准化原则和方法为指导，通过服务标准制定实

① 本文是西藏民族大学旅游研究所所长朱普选教授于 2016 年 9 月 12 日在第三届中国西藏旅游文化国际博览会主旨论坛主持旅游分论坛的发言内容。

施，以达到服务质量目标化，服务方法规范化，服务过程程序化，从而获得优质服务过程。其重点在于通过制定和实施服务标准，规范服务行为，提高服务竞争力，维护各方权益。

（三）旅游标准化

是应用标准化原则方法，对旅游行业生产、经营、服务、管理等活动，制定相应标准，从而获得最佳旅游秩序的动态过程。

（四）旅游服务标准化

在旅游行业提供旅游服务中，按照旅游标准化原则方法，以达到旅游服务质量目标化、旅游服务方法规范化、旅游服务过程程序化，从而获得优质旅游服务过程。旅游服务标准化作为旅游行业各项工作技术基础，成为提高旅游业整体效能，实现科学管理的重要手段。同时也是规范旅游业提供服务的流程和行为，创建服务品牌，保证旅游者合法权益的重要方法。

二、我国旅游服务标准化的发展与现状

（一）旅游服务标准化的发展历程

中国是最早颁布旅游标准化的国家之一，国家层面的旅游标准化工作起步，甚至还要早于欧洲。1987 年着手制定，1993 年颁布《旅游涉外饭店的星级划分和评定》，2010 年修订颁布《旅游饭店星级的划分与评定》，这些标准的出台对我国饭店行业，乃至整个服务行业起到了示范、引领作用；1995 年国家旅游局成立了旅游标准化专业机构——全国旅游标准化技术委员会。负责我国旅游业标准化技术归口工作和旅游标准化研究，以及标准化编制组织工作；2007 年国务院印发《关于加快发展服务业若干政策措施的实施意见》，明确提出“加快推进服务业标准化，建立健全服务业标准体系，扩大服务标准覆盖范围”；2009 年国务院《关于加快发展旅游业的意见》提出要以标准化为手段，把旅游业培育成为人民群众更加满

意的现代服务业，国家旅游局编制了《全国旅游标准化发展规划（2009—2015）》；2010年全国旅游标准化工作会议根据《规划》确定的战略目标和任务，在全国启动全面推进旅游标准化试点工作。其主要任务是建立和完善区域旅游标准体系和旅游企业标准体系，引领规范旅游行业发展；到2015年国家发布旅游业国家标准31项，其中旅游景区标准8项、旅游基础设施标准4项、旅游车船标准4项、旅游饭店标准3项、旅行社标准3项、旅游娱乐标准3项，导游和旅游购物标准各1项，其他基础性的标准4项。行业标准46项，其中旅行社标准7项、旅游目的地标准6项、旅游饭店标准6项、旅游景区标准5项、旅游基础设施标准3项、旅游温泉标准3项、旅游教育标准3项。国家旅游局在《全国旅游标准化发展规划（2016—2020）》中提出到2020年，我国旅游国家标准将达45项以上，行业标准达60项以上，地方标准达300项以上，新建200个以上全国旅游标准化试点示范单位。推动我国旅游从“景点旅游”模式向“全域旅游”模式转变。

（二）我国旅游标准化中存在的不足

我国旅游标准化发展，虽然取得了很多成就，但与国外相比仍有一些问题：其一，标准编写和制定缺乏深入细致的专项调研基础，顶层设计不足，标准整体质量有待提高。部门之间协调不够，推进协调机制不够健全，标准实施较为困难，标准修订滞后，难以满足旅游业转型升级发展需求；其二，市场化程度低，行政化过强。我国旅游标准化由政府部门操作，包括制定法规、制定标准、实施和监督，民间机构、行业协会、旅游企业参与不够广泛，欧洲国家旅游标准化采用以市场为主导，政府、企业、中介结构“三位一体”运作方式；其三，标准化方面与国际间交流主要在饭店管理和服务层面，其他交流较少，与国际接轨差距较大，标准数量虽然较多，但未能形成较强国际影响力；其四，旅游标准化创新能力不足，标准化专家队伍建设及相关理论研究还需加强；其五，有影响力的旅游标准覆盖面较窄，比如饭店星级评定、景区A级评定等，在其他旅游要素领域，没有形成有影响力的标准。

三、实施旅游服务标准化的意义

（一）旅游服务标准化是实现旅游行业现代化管理、规范旅游企业行为的重要手段

管理科学发展，要求科学管理、现代管理，必须要形成各种管理制度，各种管理规范，各种操作方法，所以现代企业都必须要通过标准化作为基础来进行规范。旅游行业管理机构制定实施旅游标准化相应的法律法规，监督管理机构制定强制性标准，通过强制性标准规范市场秩序和经营服务行为，这也是标准化的最初动机。目前我国所发布实施的旅游业国家标准、行业标准和地方标准，其中大部分是管理标准，以加强管理、规范市场为宗旨。这些标准对解决目前旅游行业中存在的乱象起到了一定作用。

（二）实施旅游服务标准化可以提高旅游业竞争力，打造具有影响力的品牌，提升旅游业整体水平

在标准化背景下，旅游企业和旅游产品之间差异越来越小，旅游企业竞争主要是服务质量竞争，通过构建旅游服务标准，让旅游经营企业从经验式、粗放型管理向标准化科学管理方式转变，促使旅游企业经营、管理、服务活动规范化、合理化、高效化，以便控制旅游企业经营成本，降低旅游经营风险，使得旅游市场恶性价格竞争得到有效控制。通过稳定的旅游服务质量，树立良好企业形象，打造具有竞争力的旅游品牌。借助于旅游服务标准化企业取得的效益、品牌推广，从而推动旅游行业整体经营、管理、服务水平提升。

（三）旅游服务标准化，可以促进旅游业由外延式向内涵式发展转变，使旅游产业转型升级

目前，我国旅游企业大多数处于规模不大、质量不高的发展水平，其

发展主要依靠规模增长方式取得收益。这种方式由于缺乏内涵，容易被模仿，从而造成现在低价格、低水平竞争。旅游标准化实施，使得旅游产品趋向无差别化，行业利润平均化，但这也为个性化服务提供了推动力，旅游企业必须依靠自己的旅游服务质量和产品竞争力赢得市场，进而推动产业结构优化升级，促进旅游服务业健康、公平、有序竞争。

四、旅游服务标准化体系构建

（一）旅游服务标准化体系构成

旅游服务标准化体系，是根据《标准体系表的编制原则和要求》《旅游业标准体系表编制说明》两个国发文件、行业标准和地方标准作为旅游服务标准体系建设依据。旅游服务标准化体系采用层次结构编制，依次是行业、专业、门类。旅游服务标准体系内容主要包括标准体系框架图、标准明细表（国家标准、行业标准和地方标准）和各个标准文本等。

第一层次是旅游行业通用标准，它包括旅游业各个方面的共性标准，由旅游服务通用基础标准体系（标准化导则、术语标准、符号与标志标准、数值与数据标准、测量标准）、旅游服务保障标准体系（环境标准、能源标准、旅游安全设施设备及用品标准、人力资源标准与救援标准、职业健康标准、旅游信息标准、财务管理标准、旅游合同与保险标准）、旅游服务提供标准体系（服务规范、服务提供规范、服务质量控制规范、运行管理规范、服务评价与改进标准）三个标准子体系共同构成，它对整个旅游行业都有重大指导意义。

第二层次对旅游行业进行细分，按照旅游食、住、行、游、购、娱六大要素来进行划分，这六方面内容复杂、涉及广泛，均有各自通用标准。

第三层次是对专业进行划分，形成具体门类，如“住”就可以划分为酒店饭店、旅馆旅店、房车营地；“行”专业可以划分为：旅游汽车设施与服务、旅游景区道路、港站旅游服务、旅游船设施与服务；“食”可分为旅游餐饮设施与服务、旅游饭店服务、设施管理与服务、特色餐饮服务；“游”可分为旅游景区、旅游产品、旅行社；“购”可分为旅游商品、旅游购物场所；"娱"可分为民俗文化旅游点、游乐园服务质量、旅游娱乐场所服务质量、休闲度假设施与服务，各个门类都有其具体标准。

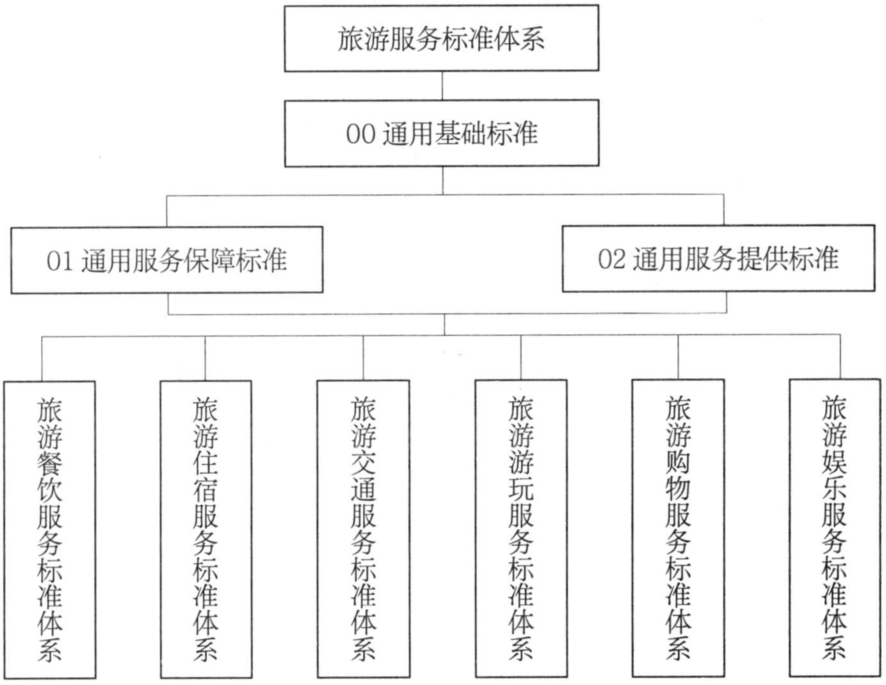

图二 旅游服务标准体系总结构图

（二）构建旅游服务标准体系方式

由谁来构建是我国旅游服务标准化体系首先要解决的问题。中国旅游标准化发展过程、市场化程度、企业实际影响力等都和欧洲等国家有着较大差别。我国旅游标准化是政府主办的，从标准立项、申报、制定、拨付标准制定经费和标准认证，全部由政府操作，政府的作用体现在标准化运作的各个环节。但由于在标准的制定过程中，缺乏旅游企业参与，制定的标准体现了政府的意志，旅游企业对标准的认可度不高，影响了旅游企业在标准化实施过程中的积极性和实际效果。

欧洲旅游标准化运作机制是市场主导型，政府、中介机构和旅游企业三位一体。旅游标准化是其行业协会等中介机构在政府法令范畴内负责标准立项、制定，政府只负责宏观引导和规制，在这一过程中旅游企业广泛参与，其制定标准得到旅游企业的认可度高，而且既能体现市场主导性，又能规范旅游企业行为，其他中介机构根据标准对企业进行认证，制定旅游标准和认证旅游企业机构完全分开。在旅游标准化运作机制各个环节中，中介机构和旅游企业则在标准制定、实施等环节中发挥重大作用。

因此，我国旅游标准化制定，应该借鉴欧洲等旅游标准化较为成熟的经验，采用政府、中介机构和旅游企业三位一体方法，制定出科学合理，符合市场需要、政府管理和规范需要的旅游标准。

怎么建立旅游服务标准化体系是在解决由谁建立之后的一个重要问题。由于特殊发展背景和政府管理力量更为强大，行业协会、中介机构、旅游企业等力量较为弱小，在这样的背景下，政府在旅游服务标准化构建过程中要发挥引导、督促作用。

在工作第一阶段，要由政府牵头，组织旅游企业、行业协会等中介机构以及研究机构等多方参与，达成共识，明确工作目标，成立相应组织协调机构承担旅游服务标准化推进工作的管理职责。

第二阶段为体系制定阶段。根据工作目标以及旅游标准化工作现状、当地旅游业发展需要，由旅游主管部门和旅游企业认可的研究机构作为主导，广泛动员旅游企业、相关行业积极参与合作，共同制定符合当地旅游业发展实际状况的旅游服务标准化体系。在这一过程中，研究机构主导可以保证体系的科学性与完整性，防止旅游企业在标准制定中，降低服务标准，或过多强调对旅游企业有利的条款内容，使制定的体系具有规范和提升旅游服务的作用。而旅游企业参与，可以保证标准制定内容较为符合企业实际运营状况，可以保证旅游服务标准的可行性。

第三阶段为试运行阶段。由试点企业负责执行。在旅游标准化体系建成后，选择具有代表性的企业开始试点。首先要在相关企业内部组织标准化相关知识培训，按照标准化体系构成内容，建立完善落实体系实施机构和落实方法，第三方技术机构负责对试点企业提供技术支持。对于标准化体系运行实际效果进行评估，并根据评估效果进行进一步完善和修订。

第四阶段为标准化推广阶段。在前面三个阶段工作的基础上，由政府牵头，介绍试点工作具体经验，在区域内开展旅游服务标准化体系推广，以此标准化作为对企业进行规范和监督的依据，并将旅游服务标准化体系作为提升区域旅游业整体水平和建立当地旅游品牌的重要手段。

在旅游标准化构建中，创立标准化工作“政府引导、企业为主、中介支撑、社会参与”有效模式，基本形成“管理靠制度、工作靠程序、操作按标准，人人尽职、事事规范”的旅游业良好发展局面，提升旅游业整体发展水平。

五、在旅游服务标准化过程中处理好与民族特色、地域特色的关系

标准化的本质是努力达到简化，以减少目前和预防以后的复杂性，这要求标准必须具有一定的普适性，标准化对象必须存在大量同质样本，这样才能保证标准的有效性。但民族地区在标准化制定过程中，不能将旅游的地方特点和文化的民族性这两个重要特点淹没在统一标准化体系中，最后形成千篇一律的似曾相识的标准化体系，就会使得民族地区旅游服务标准化失去个性化，失去特色，影响到民族地区旅游业可持续和特色化发展。因此，民族地区旅游标准化制定，既要满足标准化的科学要求，又要体现民族旅游自身的特点。

（一）在标准制定上坚持特色性和普遍性统一

民族地区旅游服务标准制定要与其他现有标准区分开来，在借鉴其他现有标准中有价值的经验同时，还要充分考虑民族地方发展旅游产业的独特优势和地方特色。标准化在实践中确实能够为旅游产品市场交易建立一种“信任系统”，旅游服务标准化和规范化是对旅游服务产品质量的保证，打造具有竞争力的旅游企业和服务品牌。这种信任系统和品牌打造，要有利于民族地区文化保护开发、有利于民族地区旅游产业可持续发展，但同时要考虑旅游者的基本服务需求，要和全国乃至和世界旅游服务标准相互

对接，提高游客满意度，因此要把握好标准的“度”，控制好标准化与多样性、个性化的矛盾，实现特色化与普遍性统一。

（二）深入挖掘民族文化特色，在标准化体系中创新

生活在不同地域的民族，适应当地独特的环境与社会，经过长时间积累，发展演变创造出特有的文化效应。文化的产生、壮大、发展、升华直至成为具有民族标志性的地域文化，都依附于其所处的一定区域范围内的自然环境和风土人情。而这些民族文化之间的巨大差异性，也成为重要的旅游吸引物。标准化不是泯灭特色，而是要在严格执行各项标准的基础上，更好更有效地展示特色。因此，在标准化制定过程中，深入挖掘、整合民族地区特色旅游资源和特色民族文化、制定出富有民族特色的旅游服务产品，实现旅游资源经济和社会效益最大化。这种挖掘，要在旅游服务标准化基础上，将具有特色的民族文化元素融合进来，进行重构设计，使得设计出来的标准具有民族特色和竞争力。例如在民族地区景区旅游标识导向系统中，在基础功能基础上，融合民族文化独有文化元素，突出多样的文化，带来独特的趣味。

西藏文化产业信息服务平台构建策略①

雒伟群

文化产业的发展已成为一个国家软实力强弱的具体指标，同时文化产业的发展水平也成为衡量一个地区或国家综合实力的重要参考指标。发达国家已将文化产业作为新的经济增长点，甚至成为国民经济的重要支柱产业之一。2002 年以来，国家在重大会议上都明确提出要将文化产业的发展提升到国家战略高度，作为重点扶持行业培养。同时中共中央、国务院也制定下发了一系列的文件，如《关于深化文化体制改革的若干意见》《国务院关于加快培育和发展战略性新兴产业的决定》等，都将文化产业的发展归并到战略性新兴产业行列，全面大力推进。

在第五次西藏工作座谈会上，中央首次将西藏定位为“两屏四地”即国家安全屏障、生态安全屏障、战略资源储备基地、高原特色农产品基地、中华民族特色文化保护地和世界旅游目的地。西藏作为“中华民族特色文化保护地”，拥有丰厚而又独特的文化资源，独特的文化魅力不断吸引着国内外消费者，文化产业作为第三产业的重要组成部分，成为西藏经济发展新的增长点。西藏文化产业发展虽起步较晚，但目前的发展势头很快。国家和西藏自治区政府先后做出一系列重大决策，提出基于西藏自治区特有的文化区情发展特色文化产业，致力于将文化产业打造成促进西藏经济

① 本文是西藏民族大学信息工程学院雒伟群教授于 2016 年 9 月 12 日在第三届中国西藏旅游文化国际博览会主旨论坛西藏特色文化产业发展分论坛上的发言内容。

发展的新的特色支柱产业。大力发展文化产业，把特色文化产品推向国内外文化市场，以做到发展经济与保护环境的双赢，而公共信息服务平台又是发展文化产业的关键。文化产业公共信息服务平台能为西藏文化产业发展提供技术支持和智力支持。但针对西藏文化产业发展的信息服务平台，目前在理论和实践层面上研究较少，如何发挥好信息服务平台在西藏文化产业发展中的促进和服务作用，挖掘西藏独特的文化资源，从而促进西藏经济发展，成为具有现实意义的学术课题。

正是基于上述考虑，“西藏文化产业发展公共信息服务平台研究”课题组一行人在2015年7月深入西藏，针对“文化产业发展公共信息服务”进行实地调查研究，通过对西藏文化厅文化产业处尼玛次仁处长、科技厅政策法规处李家丰处长等相关单位主管领导的访谈，以及通过与文化企业法人代表及从业人员举行座谈会、深入文化产业园等方式，与现在文化产业公共信息服务主管部门和文化企业法人代表及从业人员等一起，就发展文化产业公共信息服务的方式、方法等进行研究、讨论。针对处于分散状态的西藏文化信息产业，以及文化产品管理者、提供者、消费者等不同用户所面临的信息服务内容和渠道不够畅通等问题，进行信息服务体系的构建研究，以及公共信息服务平台的实施研究。通过研究西藏文化产业发展公共信息服务平台构建策略，为促进西藏文化产业公共信息服务健康发展出谋划策。

一、国内文化产业公共信息服务现状

为了打破传统文化产业门类之间的界限，促进文化内容的流通，推动文化生产力的发展，文化部及江西省、山东省、上海市、湖北省等相继建立了文化服务网络，对于推动全国或区域文化产业发展，催生新的文化产业形态，打造新的生产关系和新的组织形态奠定了良好的基础。

（一）中国文化产业网已经建立

该网站由文化部创办。是一个可以提供文化产业政策发布、文化企业信息交流等公共服务功能的公共信息服务平台。目前，注册文化企业和机构近 5000 家，每年征集文化产业投融资项目信息几千项，每年发布中文版资讯信息总量达几万条。

另外网站提供的中国文化产业项目服务平台，是国家文化产业公共服务平台的重要组成部分，既是政府部门提升公共服务水平、建设服务型政府理念的具体体现，也是为产业各方搭建平台、满足需求，促进项目交易，将文化资源优势通过项目转化为产业优势的具体举措。该平台整合了政府、文化企业和金融机构三方资源，能够满足文化产业参与主体的服务需求，可以为政府部门、各类中介服务机构、各类社会群体等提供定制化服务。

（二）江西省文化产业公共服务平台启动

2015 年 10 月 26 日，江西省文化产业公共服务平台在南昌启动，这将在一定程度上扭转江西省文化企业长期单打独斗、各自为战的“小散弱”局面，推动江西省文化产业朝着抱团取暖、合作共赢的方向快速发展。

江西省文化产业公共服务平台是由省文化厅主管、省文化企业协会主办，由江西省一家企业承办的全产业链服务一站式平台。作为连接政府与企业的中间商，该平台通过整合国内外与文化产业相关的资源，为全省文化企业提供人力资源、投融资、供需市场、文化交易、品牌推广、政府公共信息、创业辅导等方面的专业服务。

平台在运营中分为线上和线下两种模式，其中线上模式是建设江西文化产业网和文化产业 APP，打造全省最大的、以文化为主题的 B2B 网站和手机移动平台。线下模式是分产业类别建设文化产业园区，建立孵化空间，打造产业集群区的“九通一平”（信息通、市场通、法规通、配套通、物流通、资金通、人才通、技术通、服务通和新经济平台），推动全省文化产业生态集聚的迅速形成。

目前，全省 5000 多家文化企业中有 300 余家企业已成为平台服务对象。

（三）山东文化产业信息服务平台

山东文化产业信息服务平台是全国第一个集文化产品在线交易、文化项目线上投融资撮合、文化专业人才在线交流、文化版权信息服务的综合性信息服务平台。

山东省文化产业信息服务平台是在山东省文化厅文化产业处指导下，山东文化传媒有限公司建设运营的文化产业领域内信息汇集整理发布交易平台，旨在在山东打造永不落幕的文博会、项目交易会和银企对接会，进一步促进山东文化大发展大繁荣。

（四）上海市文化信息服务平台

"文化动力"网（上海市文化信息服务平台），由上海市委宣传部指导、东方网下属上海东方网文化产业发展有限公司承建运营，以"一站式信息服务"为基础定位，以"政策功能导向的权威信息服务"和"市场需求导向的文化信息服务"为基本功能，主要为从事文化创意产业的企业和个人提供政策发布解读、企业开办指南、园区信息服务、文化内外贸易、文化人才交流等文化生产一站式信息服务。

此外，上海于2012年在上海市委宣传部、市文创办、市文广局、市新闻出版局的指导下，由上海东方网文化产业发展有限公司建设和运营，成立了更具针对性的"上海市文化创意产业公共信息服务平台"。该平台作为上海市级的文创产业公共服务平台，自2012年1月起，即面向社会各界提供权威、全面的文创产业领域公共信息服务。平台下设四个子平台和三个俱乐部，包括：上海市文化创意产业公共信息发布平台（市文创办官网：东方文创网）、上海市文化产业园区数据服务平台、上海市数字出版公共信息服务平台、上海市艺术展公共信息服务平台，以及上海市文化产业园区俱乐部、上海市文创产业媒体俱乐部和上海市文创产业智库俱乐部。平台以公共信息服务为核心，对接金融、科技、人才等领域，涵盖信息公开、资讯传播、政策解读、智库咨询、数据统计、舆情内参、集成导航、项目对接、培训交流等九大应用服务，以及文化场馆预约、艺术公共教育等特色服务。平台对于满足文化产业园区、企业在招商、融资、营销等方面的信息需求，提升文创产业统计、评估、管理、扶持能级，促进文创产业从碎片化业态向产业链集群整合方面，发挥着重要作用。

其服务模式主要包括以下三种形式：

1. 园区信息公共发布服务。平台通过在所属的东方文创网上开设“园区频道”，集中展示园区及园区内企业动态及招商、投融资、项目对接、推广活动、人才引进等资讯信息，搭建园区形象的推广平台和园区业务的对接平台，切实提升园区各项服务的公共知晓度。

2. 文化产业信息内参服务。平台通过全面的数据统计、权威的专家智库、深度的媒体报道，面向文化产业园区和企业，提供集合了数据、编译、调查、动态等在内的信息内参产品，以便了解国内外文化产业相关政策、举措、案例和业务数据。

3. 文化产业对接交流服务。平台联动协调国内外各地政府及文化企业资源，为全市文化产业园区和企业提供政府招商考察、项目交流对接、专项培训咨询等交流项目；促进园区与政府，园区与园区，园区与企业之间的交流合作。

（五）湖北文化产业信息服务平台（文谷网）

湖北文化产业网于 2012 年 12 月 22 日上线试运行，旨在为湖北文化产业决策者、从业者提供有价值的信息服务。网站强调“特色、精选、原创”，不但赢得了网友的关注，也获得了大型门户网站的认可。文谷网发布的《湖北文化产业园发展不平衡，差异化不够》等调研报告，被新浪网、腾讯网、中国文化产业网等多家网站转载。

上线以来，文谷网聚合全省文化产业发展信息资源，积极关注文化产业政策及行业动态，以独特的视角观察湖北文化产业事件，深入报道分析湖北文化产业的发展，为文化产业市场供需双方提供资讯、交易、咨询等有价值的服务。

二、西藏文化产业公共信息服务现状

近年来，在党和国家的领导下，在西藏自治区政府的高度重视下，西藏的基础文化设施有了很大程度的改善，文化产业已初具规模。

（一）覆盖全区的公共文化服务体系建设已经初见成效

2013 年，西藏自治区共有各类文化企业 3846 家，从业人员 28849 人。2014 年，西藏自治区文化产业发展专项资金规模扩大到每年 5000 万元，专项扶持助推着文化产业发展，西藏文化产业产值达到 27 亿元，增长 12%，占到地区生产总值的 3%。预计到 2020 年，文化产业年产值将占到全区生产总值的 5%。

2014 年，国家和西藏自治区落实公共文化建设资金 2.75 亿元，有力地推动了公共文化设施建设、队伍发展和运行保障机制建设。公共文化服务网络已经深入到了村一级文化馆站，文化信息资源共享工程完成了 1 个自治区分中心、73 个县支中心、2400 多个村级服务点建设。为实现公共文化设施和管理服务标准化，制定出台了《西藏自治区基层公共文化设施和管理服务标准化建设指标》，对县级综合文化活动中心和乡镇综合文化站的设施、职能、设备、活动、经费、队伍、管理、宣传等 10 个方面 50 项内容提出了明确标准和要求，并在山南地区开展了试点建设，取得了显著成果。为丰富公共文化服务内容，完成了《格萨尔多媒体资源库》《西藏红色歌舞多媒体资源库》建设项目，启动《藏医药文化专题片》建设项目，制作完成近年来译制的 500 小时优秀资源的合辑出版，并免费向各地市和县赠送。这些成果的取得，为文化产业公共信息服务平台建设积累了丰富的经验。

（二）已经建立了一批提供文化信息服务的网站

通过在百度上检索，以及在 2015 年 7 月西藏自治区的实地调研，我们发现针对西藏提供文化信息服务的网站具有代表性的有以下 5 家，这些网站栏目设置情况如下：

1. 中国西藏网。中国西藏网是高原（北京）文化传播有限公司旗下的中央重点新闻网站，也是全球受众最多、影响最大、报道最权威的涉藏新闻综合网站。以服务西藏发展进步、传播藏民族优秀文化、促进国际社会对西藏的了解为宗旨，客观全面地展示西藏的历史和现实。以中、英、藏、德、法五个文种发布涉藏新闻、文化、旅游、资讯、图片、音视频、专题等信息。其中的文化频道，主要提供文化信息服务，设有民俗馆、工艺馆、藏学馆、历史馆、文学馆等栏目。

2. 西藏自治区政府门户网站。西藏自治区政府门户网站由西藏自治区人民政府建立，是西藏自治区各个政府部门统一的信息出口。设立的栏目有认识西藏、新闻中心、信息公开、政府服务、公众参与、公共信息、招商引资、对外交流、援藏工作、西藏旅游等。其中链接导航连接了自治区政府部门网，包括与文化产业有关的文化厅、科技厅、旅游局等。

3. 西藏在线。西藏在线由北京五洲传播有限公司建立，是以“让世界了解西藏”为宗旨，为公众提供西藏综合信息服务的网站。发布涉藏新闻、宗教、人文、旅游、百科、图书、图片、视频、专题、论坛、微博、微信等资讯。

4. 西藏文化网。西藏文化网是中国西藏文化保护与发展协会的门户网站，有中文、英文、藏文等多个版本。坚持党的保护、继承和弘扬西藏民族传统文化的一贯方针和政策，以关注西藏、热爱西藏、宣传西藏的政治高度突出西藏文化特色，展示雪域高原魅力。设立的栏目有：行业动态、会员风采、政策法规、重点项目、文化交流、专题报道、招商引资等。

5. 藏人文化网。藏人文化网是西藏资讯服务第一媒体，拥有新闻、专题、人物、信仰、文学、影视、音乐、交友、商城、旅游、社区等 15 个频道，是目前西藏文化最大的中文门户网站。其中，“博客西藏”是其建立的西藏文化的精神牧场。

通过近几年的持续运营，这些网站中信息资源采集发布的广度与深度不断提升，新媒体运用和互动手段日趋完善，网站点击量、访问率持续攀升，已成为海内外网友了解真实西藏的重要窗口。可以说这些文化信息服务网站一方面是西藏对外展示自身传统文化的窗口，另一方面也是满足本地区文化机构组织、个人信息需求的平台。

（三）加大了基本公共服务领域的财政资金投入力度

我们从西藏自治区发改委了解到，2015 年，西藏力争固定资产投资突破 1300 亿元，增长 20%。争取支持落实中央投资 466 亿元。加强与中央企业的沟通衔接，加快落实能源、矿产、通信等规划项目。同时，引导民间资本逐步参与西藏社会基本公共服务领域、市政公用设施领域、重大基础设施领域、重点产业发展领域的建设和运营，实现民间投资较快增长。在科技厅我们了解到，西藏科技厅下属单位信息研究所，在文化产业平台建设方面做了很多工作，但是目前综合服务平台普遍存在维护费用较高的问题。比如，公益性的平台不收费，政府每年投入 200 万元左右，其中企业公共服务平台，每年 20 万左右，信息产业服务平台 10 万左右。

由此，我们可以看到，西藏经济发展中，重点投资方向仍然是基础设施建设，基本公共服务领域的建设资金和运行经费相对不足，导致文化产业公共信息服务发展滞后。自治区财政应加强支持基本公共服务，增加基本公共服务投入。在财政资金预算时，逐步提高基本公共服务财政投入比重，增量财力要减少投入一般性竞争领域，重点向文化产业公共信息服务方面倾斜。多元化的投资主体是西藏文化产业公共服务领域的重要基础和保障，投资渠道的拓宽，融资体制的完善，投资主体的多元化在文化产业化发展中起着越来越重要的作用。

三、西藏文化信息服务网站存在的主要问题

尽管西藏现有的文化信息服务网站近几年在文化产业方面取得了很大的成就，但在文化产业信息服务方面还存在一些问题。

（一）政府对建设信息服务平台的意识不强

总体上看，我国的文化产业管理模式经历了由传统的线性模式向网状

模式的发展过程。与传统的线性机构不同，网状结构能够有效组合各种文化产业管理活动，管理部门、高等学校和企业之间可以形成多方联动的互动形式。网状管理是管理各种文化产业活动的最佳方式。目前，西藏在文化产业发展的社会管理中，网状管理方式还有待于完善。政府、企业和市民之间多方联动还存在明显不足，没有全面融合政务、公共和便民服务资源，不能提供全方位和个性化的服务应用；政府职能和政务管理制度中社会管理创新措施不足，民众对提供的公共服务程度的均等性等方面还不太满意。

为了改善民生，推动基本公共服务均等化，实现社会管理创新，建设人民满意的服务型政府，就必须大力扶持文化产业公共信息服务平台建设。根据西藏目前文化产业发展规模，为推动文化产业大发展，为有效提高公共信息服务水平，促进政府转变为“以服务为导向”的新型职能模式，建立政府、企业和文化产业从业人员都需要的公共信息服务平台显得十分必要。但目前西藏对建设文化产业公共信息服务平台重要性的认识还不深，对建设文化产业公共信息服务平台的意识还不强。

（二）栏目设置繁杂冗余

表 1 是我们所调查的西藏现有文化产业服务网站资源建设情况，可以看出所调查的 5 个网站其栏目数都在 10 个以上，数量较多，栏目设置过于繁杂、栏目名称不够清晰，部分栏目之间不具有相互排斥关系。部分网站栏目分类标准不够明确，既以栏目内容作区分标准，也以内容载体（图片、视频、音频）作区分标准，给用户造成误导。考虑到西藏文化的多样性，常以多种载体记录文化信息，建议可单独将此分类方式列出，方便用户查找。

西藏现有文化产业服务网站资源建设

表 1

平台名称	栏目数	栏目内容
中国西藏网	13	新闻、观察、援藏、财经、教育、视频、秘闻、旅游、文化、宗教、医疗、图片、资料云
西藏政府门户网站	10	认识西藏、新闻中心、信息公开、政府服务、公众参与、公共信息、招商引资、对外交流、援藏工作、西藏旅游
西藏在线	11	资讯、视频、读图、专题、专栏、文库、百科、读书、图片库、搜索、移动生活
藏人文化网	15	动态、专题、人物、信仰、文学、影视、旅游、视频、E 藏、海外、博客、交友、论坛、购物、NGO
西藏文化网	14	文化资讯、图志、影视、歌舞、教育、藏学研究、藏传佛教、工艺美术、文学创作、藏医藏药、精彩专题、西藏行秀、走进协会、资料库

（三）文化产业专门网站、专门栏目缺失

西藏文化相关信息网站虽多，但缺乏文化产业专门信息服务网站，既没有由政府部门主导的文化产业相关网站，也没有由民间组织主导的文化产业相关网站。同时，西藏自治区政府是我国 34 个省级行政区中没有设立文化厅官网的政府机构，在西藏自治区政府门户网站中也没有将“文化”“文化产业”作为一级栏目单独列出，仅将“文化交流”作为“对外交流”栏目中的子栏目，罗列出相关新闻报道。因此，即便现有网站中已有部分内容涉及文化产业的部分内容，但仍需要在网站中开设相应专栏为地区文化产业提供相关信息及服务。

（四）服务型栏目较少

文化产业方面，普通用户信息需求类型一般包括：特色文化创意新产品信息，来自市场和客户的信息，如文化产品数据、工艺流程技术规范。用户的信息服务需求一般包括：文化产业发展、市场、客户、资源等方面的专门信息。需要文化产业信息中心、国家经济信息机构、科技信息机构、高等学校系统和公共信息服务系统为其提供多样性服务，要求围绕技术、市场、产品经营提供数据库和咨询服务。

目前，西藏文化产业信息服务网站在满足信息用户多元化需求方面还存在较大差距。现有西藏文化相关网站对文化产业相关信息大多是对藏区文化资源的呈现，涉及文化产业服务的栏目很少。考虑到西藏自治区政府、组织机构对文化产业信息服务的大量需求，藏文化艺术工作者、游客等个体用户对文化产业信息服务的多元化需求，西藏文化产业信息服务平台的构建不能仅仅停留在资源陈列、新闻报道层面，还应深入挖掘，探寻在文化产业方面可以推出的相关信息服务。

四、构建文化产业公共信息服务平台的必要性

文化产业是指通过工业化、信息化和商品化方式所进行的文化产品和文化服务的生产、再生产、交换和传播。作为 21 世纪全球经济一体化时代的“朝阳产业”，文化产业将成为经济发展方式转变的发动机。建立西藏文化产业的公共信息服务平台，必要性主要表现在以下四个方面：

（一）国家战略的需要

第五次西藏工作座谈会上，中央首次将西藏定位为“两屏四地”。所以，构建西藏文化产业公共信息服务平台，促进西藏文化产业大发展，符合国家战略，可以将重要的中华民族特色文化保护地，具有以藏族文化为代表的独特的地域文化，即文化资源优势，随着青藏铁路等交通条件的改善以及西藏互联网 + 的普及，使西藏文化有更多机会走出去；可以将作为“地球第三极”、世人向往的世界旅游目的地、具向心力优势，快速转换为经济增长点。

（二）政府转变职能的需要

在产业发展初期，政府的管理与引导这只“有形的手”发挥了巨大的作用，甚至在某种程度上代替了市场这只“无形的手”。但是，随着文化

产业规模的扩大，特别是在当前全新的经济发展形势下，政府部门“有形的手”发挥作用的方式也需要随之调整。因此，建设西藏文化产业信息服务平台，对于转变政府在文化产业发展中的职能角色，推动西藏文化产业更好发展，是十分必要的。

（三）国内文化产业网站的示范作用

国家层面，文化部创办的中国文化产业网，是提供文化产业政策发布、文化企业信息交流等公共服务功能的公共信息服务平台，也提供中国文化产业项目的服务平台。

省级层面，包括甘肃、四川、云南在内的绝大多数省（自治区）具有自己的文化产业信息服务网站，而且具有省级文化厅网站、省级政府主导的文化产业网站、省级民间组织主导的文化产业网站等三种形式。所以，作为西藏必须也建立自己的文化产业信息服务平台。

（四）西藏文化产业进行文化产业交易交流的需求

2013 年，西藏自治区已有各类文化企业 3846 家；2014 年，西藏自治区文化产业增加值占地区生产总值的比重为 3.77%，文化产业的增长速度为 12.5%，文化产业已经成为西藏国民经济的支柱产业。西藏文化产业不断发展，促进其文化企业不断壮大和发展，产生了在传统方式之外的、最大程度收集市场信息和向市场推介自身、进行市场交易的市场行为，促进企业和文化产业经济发展的需求。构建西藏文化产业信息服务平台能满足上述需求。

五、构建西藏文化产业公共信息服务平台的策略

顺应当前应用“互联网 +”促进各领域发展的潮流与要求，在充分发挥西藏作为“中华特色文化保护地”独特地位与作用的同时，开发西藏文化产业信息服务平台，提升政府部门的公共服务水平，从而促进西藏文化产业的快速发展，进而为西藏的经济社会进步作出贡献。西藏文化产业信

息服务平台在借鉴各省各类型文化产业平台构建特色的基础上，结合西藏已有文化网站及特色资源进行构建，具体的构建策略包括：丰富平台类型、确立运营模式、重构特色资源、完善服务功能四个方面。

（一）丰富平台类型

文化产业服务平台所涉及的网站平台类型包括国家层面文化产业网、省级行政区文化厅网站中相关栏目、省级行政区文化产业服务网。每个省级行政区根据自身文化产业发展所需选择合适的平台类型进行开发构建。根据西藏自治区文化产业发展现状，建议先由西藏自治区政府牵头构建“西藏文化厅官网”并设立“文化产业”栏目，也可以在现有的“西藏自治区政府门户网站”中设立“文化产业”栏目。后期建议由西藏文化厅或宣传部牵头构建“西藏自治区文化产业信息服务网”，作为针对西藏地区的文化产业信息服务平台；并鼓励西藏文化产业相关团体组织（协会、研究中心、促进会等）搭建由其组织信息为主的文化产业信息服务网。同时，与国家层面的文化产业网站（如“中国文化创意产业网”）进行沟通合作，为其提供西藏地区文化产业相关的第一手信息资料，确保浏览这类网站的用户获得西藏地区信息的真实性和及时性。

（二）确立运营模式

为使文化产业信息服务平台有效运行，文化产业管理部门应充分利用现有的资源，选择合适的构建方式和运营模式进行构建——可由政府部门牵头投资建设，也可鼓励企业投资，或政府购买服务等多种投资建设模式并存，来保证整个文化产业信息服务平台的正常运行。具体来说，可采用以下五种服务模式：公办公营、合同外包、公私合营、特许经营、完全私营，具体运营模式见表 2。

西藏现有文化产业服务网站资源建设

表2

运营模式	详细说明
公办公营	政府机关信息中心有专门的信息开发与管理专业人员，有能力开发文化产业信息服务平台中的部分网站，并对其正常运行做有效的维护与管理。
合同外包	由政府机关以外的技术人员来进行，从文化部及部分省区在构建文化产业信息服务平台的实践可以发现，政府委托相关单位运营的形式更为常见。
公私合营	政府机构信息中心与平台外包私营单位共同开发信息服务平台
特许经营	政府对信息服务平台研制单位资格审核，通过审核的研究单位可特许研发与经营平台。
完全私营	信息服务平台的研发和运营完全由软件公司自己决定

西藏自治区政府文化产业管理部门可根据经费提供方式，以及平台中网站的类型特色，选取合适的网站运营模式进行开发与后期维护。

（三）重构特色资源

西藏地区所拥有的藏文化具有浓郁的地域色彩，与此相关的文化产业种类丰富，根据西藏文化产业发展需要，可确定影视娱乐、文化创意、出版印刷、文化旅游、工艺美术、网络文化等作为重点产业。现有的西藏地区文化网站所涉及的特色资源栏目存在资源不全、分类不清晰的问题，需要重新梳理西藏特色资源种类、完善资源类型。建议构建具有西藏区域文化特点或优势的文化产业数据库，包含产业纵览、重点产业、设施建设、园区与基地、公共文化服务等数据库；并在自治区设立总站、地市设计支站、县乡等设立分站，构建覆盖全西藏文化资源的数据库。当全面建成地区文化资源数据库后，将其与西藏文化产业信息服务平台后台数据相关联，为平台信息检索及其他服务功能提供基础。

（四）完善服务功能

在文化产业链中，上游是创意设计，中游是文化产品的生产，而为其提供信息保障的信息技术产品和服务位于下游。由此可见，信息服务平台属于文化产业链的下游，根据西藏文化产业发展具体情况，该平台不仅要依靠上游与中游丰富的信息资源以及多元的发布渠道发布相关信息咨询，也要为文化产业上下游沟通和联动提供相关服务，全方位带动整个文化产业的协同发展。信息服务平台中的服务功能应包括以下六大模块：文化产业信息发布与交流；文化政策咨询与服务；文化产品发布与交易；文化企业宣传与推广；文化资源共享与展示；对外文化交流与合作，这六个方面将政府、文化企业和市场消费者等文化产业相关主体联系在一起，起到提供信息流通平台的作用。

论“西藏问题”的美国因素和印度因素①

王德华

前 言

在谈论“西藏问题”的美国因素和印度因素之前，我想先谈谈怎样把“西藏问题”与跨喜马拉雅经济带建设纳入世界经济新引擎——“一带一路”倡议问题。

2016 年是“一带一路”建设全面实施之年，无论国内还是国际社会，对“一带一路”建设都给予了高度评价。但也有一些人对“一带一路”建设心存疑虑，没能正确认识“一带一路”建设的目标和内涵；也有人过分放大建设中可能遇到的问题。因此，有必要对“一带一路”建设的目标、内涵以及机遇、挑战等问题予以深入分析。

“一带一路”经济带建设倡议是中国在国家层面提出的一项宏大战略。可以说，中国已经进入了举国“一带一路”的时代。作为全球第二大经济体、第一大贸易国的世纪大战略，“一带一路”已成为世界性的话题。“一带一路”倡议被称为中国对外开放的 2.0 版本，它被认为将深刻全面地改

① 本文是上海国际问题研究中心南亚中亚研究所所长、上海同济大学南亚研究中心主任王德华研究员于 2016 年 10 月 17 日在西藏民族大学“藏秦讲堂”（第 9 期）的讲学内容，经王德华研究员审阅定稿。

变中国的经济面貌以及世界经济格局。

“一带一路”倡议要做什么？“一带一路”有着怎样的中国式考量？“一带一路”将给中国经济带来什么？“一带一路”将带给世界什么？世界各国的“新丝路”战略是什么？将对生活产生怎样的影响？

有专家认为：中国的这一构想并不是一个经济建设战略，而是从国际政治格局的层面来设想的。“西进”战略的背景是中美两国在东亚的竞争态势，在这种态势下，需要有一些新的、具有全局性的、陆权与海权并行不悖的地缘“再平衡”战略思考。也就是说，中国在面对东面美、日等国的战略“竞争”时，需要大力“西进”，进入这个中国外交传统上的非重点区域。为此，我们应从全球文明的高度看“新丝绸之路”遇到的挑战或竞争，比如：

1. 美国的“新丝绸之路”计划。“新丝绸之路”计划原本是一项国际开发计划，但被美国的外交政策所利用。特别是在 2011 年 7 月，美国国务卿希拉里·克林顿在印度金奈正式提出了“新丝绸之路”计划，其主旨在于利用阿富汗优越的地理位置，将阿打造成为地区的交通贸易枢纽，通过推动南亚、中亚的经济一体化和跨地区贸易，实现阿富汗经济的可持续发展。她在有关的演讲中这样描述“新丝绸之路”计划的前景：“土库曼斯坦的气田将能满足巴基斯坦和印度不断增长的能源需求，并为阿富汗和巴基斯坦提供可观的过境收入。塔吉克斯坦的棉花将运往印度制成棉布。阿富汗的家具和水果将出现在阿斯塔纳、孟买甚至更远的地方的市场。”很显然，希拉里计划的核心部分旨在推动以阿富汗为核心的、连接南亚与中亚的经济一体化和跨地区贸易。希拉里相信，“未来的政治不由阿富汗和伊拉克决定，而是由亚洲决定。美国处在这个行动的中心”。

2. 日本亚洲基建投资计划

3. 俄罗斯欧亚经济联盟

4. 欧盟容克计划

5. 印度的季风与香料之路或棉花之路

6. 印度尼西亚：全球海洋支点愿景

7. 哈萨克斯坦：光明达到计划

8. 蒙古国：草原之路

9. 韩国：欧亚计划

10. 肯尼亚拉穆港—南苏丹—埃塞俄比亚交通走廊

尽管“西藏问题”是中国的内政问题，但从多年来的发展趋势来看，它必然影响甚至牵制中国的国际关系的未来。“西藏问题”和“新疆问题”一样，如果得不到解决或者解决得不好，中国就会变成一个被困的内陆国家，强国梦则无从实现。

为什么这么说？主要是因为西藏和新疆越来越呈现出两个互相关联和互相强化的过程，这就是国际化和区域化。国际化指的是“新疆问题”和“西藏问题”已经成为西方制约中国的战略手段。在2008年奥运会期间，西方各种势力利用“西藏问题”对中国发难。在西方的推动下，“西藏问题”在西方已经变成高度道德化的一个议题。西方在把达赖喇嘛和“藏独”运动道德化的同时，还尽力妖魔化中国政府的西藏政策。西方的这种政策在间接地但有效地推动着“藏独”运动的暴力化。原因很简单，一旦“藏独”被道德化，暴力就会被美化。尽管这里也包含着西方社会一部分人对“西藏问题”的同情，但是从西方政治力量来看，更多的是把“西藏问题”作为遏制战略。可以预测，随着时间的推移，尤其是达赖喇嘛继承人问题的凸显，“西藏问题”会变得越来越严峻。实际上，越来越多的西方人正在加入海外“藏独”运动。就是说，“西藏问题”不仅仅是中国（包括中国境内西藏人）和海外西藏人之间的问题，更是中国和西方之间的问题。

“西藏问题”和新疆问题成了内政和外交的结合点，这里“内忧”和“外患”没有明确的界线。正因为这样，中国政府已经把新疆和西藏视为中国的核心国家利益，这显然具有充分的政治理性。新疆和西藏问题不仅仅是政治社会稳定的问题，不仅仅是民族问题，而且更是国家统一的问题，并且从国际关系上来说，更具有其至高无上的国际战略意义。

下面，讲四个问题，一、达赖喇嘛和“西藏问题”溯源：美国是“西藏问题”的始作俑者；二、“西藏问题”是印度用以制华的一张牌；三、“藏独”

新特点：与台独、疆独狼狈为奸；四、怎样进行跨喜马拉雅经济带建设问题。

一、达赖喇嘛和“西藏问题”溯源：美国是“西藏问题”的始作俑者

（一）达赖喇嘛称号由来

藏传佛教格鲁派两大活佛转世系统之一的达赖喇嘛的称号（其全称为“西天大善自在佛所领天下释教普通瓦赤喇怛喇达赖喇嘛”）。达赖喇嘛的称号始于1578年，确定于第三世达赖喇嘛索南嘉措时期。当时他到青海地区传教，说服了土默特部的首领俺答汗皈依佛门，他们在政治上彼此推崇并互赠尊号。俺答汗赠给索南嘉措的尊号为“圣识一切瓦齐尔达喇达赖喇嘛”。“圣”在佛教中表示超出凡间；“识一切”是普遍通晓之意，认为是显宗方面取得最高成就的人；“瓦齐尔达喇”为梵文，意为执金刚，是在密宗方面有最高成就的人的称号；“达赖”是蒙古语“大海”；“喇嘛”是藏语“大师”。合起来说，就是在显宗和密宗两方面都修到最高成就的，超凡入圣而学问渊博犹如大海一样的上师。这个尊号仅是蒙藏代表人物私人之间的互赠，尚不具有政治及法律意义。

从五世达赖喇嘛开始，达赖喇嘛既是一种至高无上的称谓，也是一种至高无上的职位。

十四世达赖喇嘛，1935年7月出生于青海湟中县祁家川（今青海省平安县红崖村），乳名拉木登珠。1938年被西藏地方政府遴选为第十三世达赖喇嘛的唯一转世灵童，后报请国民政府特准免予“金瓶掣签”，在中央政府特派大员吴忠信会同热振呼图克图的主持下，1940年在拉萨举行坐床典礼，继位为第十四世达赖喇嘛，1950年11月17日开始处理西藏地方政务。

自幼受亲英活佛达扎熏陶，十四世达赖喇嘛和历世达赖喇嘛具有共同的一面，即都是西藏封建农奴主阶级利益的总代表和西藏封建农奴制社会权力的最高执行者。但是，他与历世达赖喇嘛也有不同的一面：他从小就生活在分裂主义势力的包围之中。1939年，年仅4岁的达赖喇嘛被送到

拉萨，对他幼小心灵影响最大的有三个经师——寻访十三世达赖喇嘛转世的负责人格仓活佛、热振活佛、达扎·阿旺松饶活佛。

（二）少年达赖竟和殖民主义者和纳粹分子有染

达赖喇嘛少年时代，有两个西方人对他的思想影响最大，一个是英国人黎吉生，一个是奥地利人海因里希·哈勒。黎吉生是英国驻西藏江孜商务代表古德爵士的继任者，1936 年留住拉萨，一直待到 1950 年，是西方人在西藏停留时间最长的一位。奥地利人海因里希·哈勒 1933 年是德国纳粹冲锋队队员，1938 年 4 月 1 日加入纳粹党并担任党卫军 38 部队中队长，受到过希特勒的召见。1997 年 5 月 28 日德国《明星》周刊文章《沾有纳粹污点的“英雄”》，披露了达赖的原“老师”奥地利人海因里希·哈勒的档案材料，证明哈勒原来是一名隐藏了半个多世纪的纳粹分子。

（三）长期与“藏独”分子形影不离

1956 年 11 月下旬，达赖和班禅应邀前往印度参加纪念佛祖释迦牟尼涅槃 2500 周年的佛事活动。达赖喇嘛刚一跨过中国边境的乃堆拉山口，便与从印度赶来的鼓吹“藏独”的夏格巴、嘉乐顿珠等人聚集在一块，在达赖喇嘛滞留印度的近三个月里，他们一伙形影不离。在西方列强制造出“西藏问题”后，中国历代中央政府和各族人民从未承认过所谓“西藏问题”。

不论西方列强怎样施压，不论西藏地方分裂势力怎样嚣张，中国历代中央政府始终坚持一个原则——西藏是中国不可分割的一部分，始终牢守西藏的主权，坚决反对任何分裂西藏的企图和活动，坚决抵制西方制造的“西藏问题”。李铁铮先生在《西藏历史上的法律地位》一文中指出：应当记住的首要事实是：中国从来没有认为她自己是西藏的“宗主国”。“宗主国”一词，是英国和俄国染指中国这一部分土地并决意使其成为国际问题时，为了他们自己的利益而采用的。至于中国，几百年来，她一直只是把西藏看作其版图的一部分，西藏与中国的其他省份并无不同，只是准许它有较大的自治权。一九〇七年大英帝国和沙皇俄国签署了一项协定，把西藏划为一个特殊区域，双方作出保证："除了通过中国政府作中介"，不得与西藏商结任何协议。正是在那时，中国被这两个“强国”认为对西藏享有“宗主国”权力。但必须指出的是：中国既不是协定的参加者，英、俄在这个涉及其领土完整的大事上也未曾与其磋商。

（四）国际上大搞“西藏问题国际化”的丑恶行径

达赖集团自1959年流亡印度以来，一直将寻求国际支持作为他们的重要工作，企图借国外力量使“西藏问题”国际化，达到“藏独”的目的。达赖集团的这种国际活动30多年来从未间断过。

20世纪70年代以前，达赖喇嘛只到过日本和泰国，两次都被限定在宗教界活动。70年代，他走访了梵蒂冈、瑞士、荷兰、比利时、希腊、爱尔兰、丹麦、挪威、瑞典、西德、英国、苏联、蒙古、日本、泰国和美国等16个国家，但时间上也只有1972、1973、1979年三个年头，反响很小。

但是，20世纪80年代以来随着国际格局的重大变化，“西藏流亡政府”又在国际舞台上展开了以达赖喇嘛出访为中心活动的国际努力。80年代，达赖喇嘛共出访21次，先后走访了20多个国家，超过了前20年的总和。达赖获1989年诺贝尔和平奖，地位猛升，分裂气焰日涨。达赖喇嘛获奖与“六四”风波紧密相连，世人皆知，但他获奖后，立即成为世界知名人士，开始联络海外的“民运”分子，沆瀣一气，共同反华，从事分裂活动。

20世纪90年代，达赖喇嘛以“诺贝尔和平奖”得主和“西藏问题”代理人的政客身份频繁出现在国际舞台上大做“西藏问题”广告，每年都要走访十几个国家，诸如美国等，现今已先后走访了50多个国家。其中欧美国家有40余个，占80%多。

达赖喇嘛这些年到国际上频繁做“西藏问题”广告的方式主要有：打着达赖喇嘛旗号，四处讲经传法，将佛教的伦理观与非暴力主张相结合，把自己伪装成“和平使者”“人权卫士”，争取宗教界人士和信徒的认同与支持；参加、组织“西藏历史文化展览”“国际西藏年”“西藏歌舞团”巡回演出，召开研讨会等多种形式的活动，与各国知识界、社会科学界等建立学术交流，扩大“西藏问题”的影响；广泛结交知名人士，与科学家、学者、艺术家、律师、议员等建立联系。如达赖喇嘛的大哥诺尔布在美成立世界“百人西藏委员会”，内有南非黑人大主教图图、阿根廷建筑师和人权领袖阿普·埃斯克威尔、伊利·威塞尔、奥·阿瑞亚斯、迈·戈·玛格威雷、里·鲍林等6名诺贝尔和平奖获得者，利用他们的政治影响，多方争取对“西藏问题”的同情与支持；争取一些国家首脑、政府要员会见。

（五）美国是“西藏问题”的始作俑者

美国插手“西藏问题”大致经历了三个不同的发展阶段。二战前美国的西藏政策基本遵循了西藏为中国一部分的原则；冷战期间美国主要通过中央情报局秘密介入西藏事务；中美建交后美国从幕后走向台前公开插手“西藏问题”。

二战前美国的西藏政策基本遵循了西藏为中国一部分的原则。美国首位官员与西藏的接触发生在20世纪初，这位中国通就是集探险家、学者、美国驻华公使于一身的L·L·柔克义。他在19世纪末对藏族人居住区进行了两次探险，1905年成为驻华公使。1908年他专程去五台山与十三世达赖喇嘛相见。一般来说这被人们看成是美国与西藏的首次官方接触。由于当时美国对华政策的总体思路是保持中国的行政与领土完整，尽管之后十三世达赖喇嘛在与中央政府出现矛盾后有了与中央分离的倾向，但当他与柔克义探讨这一问题时，仍没能改变柔克义保持中国领土与行政统一的想法，之后大约有40年的时间美国官方没有与西藏直接接触。直到1942年，日军进犯缅甸，切断了经滇缅向中国战区运送战争物资的公路，美国开始利用空运解决运送战略物资问题。一架经过喜马拉雅山区向中国运送战争物资的美国飞机在距拉萨90公里的藏族人聚居区坠毁，五名机组人员全部生还，他们得到了当地藏族人的友好救助并被护送回印度。适应战事的需要，这时美方开始考虑修筑一条经由西藏进入中国内地的通道。同年底美国当时的情报机构战略情报局（OSS，即 CIA 前身）经过精心策划秘密派员入藏。担任这次拉萨之旅任务的一位是已成为美国公民的俄罗斯大文豪托尔斯泰的孙子伊利亚·托尔斯泰上尉，一位是著名的亚洲探险家布鲁克·多兰上尉。两人在拉萨逗留了大约 3 个月的时间，虽然没能取得什么实质性的成果，这却是第一次由美国官方批准的西藏使团。当时的美国总统罗斯福还通过二人给当时只有 7 岁的十四世达赖喇嘛带来了礼物。自此达赖喇嘛开始了他与美国总统的书信往来。在这之后，西藏就被放到了美国战略情报局的研究桌上，从历史、政治、文化、军事力量、气候、地理环境到西藏的重要任务，都成为研究的对象，但二战时期美国没有改变西藏是中国不可分割的一部分的原则立场。华盛顿出版的对外关系解密文件明确记录着当时“美国政府牢记着这样的事实，即中国政府长期以来宣称拥有对西藏的领有权，中华民国宪法将西藏列为其领土的组成部分，美国政府从未对此提出过异议”。

是冷战促使美国政府开始考虑改变对西藏的政策。1947 年 2 月，美国驻印度外交官在给华盛顿的电文中首次明确提出，西藏在意识形态和地缘政治上具有无可估量的战略重要性，是阻挡苏联影响进入亚洲的重要缓冲器。故此之后美国对中国的西藏政策发生了微妙的变化。主要表现在两个方面：一是在公开的外交领域，1948 年美国给持西藏“护照”的以西藏财务总管夏格巴为首的西藏商务使团签发了 FORM-257 去美签证。这是藏族人首次持西藏官方“护照”而取得签证。FORM-257 签证是美国给持有美国尚未认可的国家“护照”持有者的签证。与此同时，美国驻南京使馆还正式通告中国政府给藏族人的签证并不意味着美国对西藏主权问题政策的丝毫改变。二是美国通过其情报机构中央情报局秘密支持“西藏独立”势力，直至中美建交。中美建交后，美国政府从幕后走到台前，开始公开过问、介入“西藏问题”，干涉中国内政，使“西藏问题”成为影响中美关系正常发展的一个重要障碍。

（六）科罗拉多山脉深处的康巴训练营

西藏和平解放以后，美国仍不断在西藏内外以各种手法支持分裂主义分子。时任中央情报局局长的艾伦·杜勒斯说："我们要向西藏叛乱分子提供秘密援助，'袭扰'中国。"

1953年朝鲜战争结束后，中印边界印度一侧阿尔莫一带的居民惊奇地发现：这里居然出现了3个教育中心、两个医院、两个麻风病院和1个肺病疗养院。更令人惊奇的是，在这些"医院"和"教育中心"里根本就没有什么病人和学生。实际上，从1951年起，中央情报局即已开始从事西藏叛乱分子的训练工作。阿尔莫就是中央情报局对西藏施行秘密行动的基地之一。

1956年春，人民政府准备在四川西部藏区（通称"康巴地区"）进行民主改革。当地农奴主纠集数千人于3月间在理塘发动叛乱。随即，甘孜、康巴地区也相继发生武装叛乱。

叛乱发生后，美国中央情报局当即认定康巴叛军是美国在西藏行动的可靠盟友。艾伦·杜勒斯也认为西藏的形势为中央情报局的行动提供了千载难逢的机会。11月间，商人出身的贡布扎西派出6名康巴叛军进入印度，由美国飞机运到太平洋上的塞班岛受训。这些接受训练的人员当时并不知道他们要去往什么地方，只是接到命令，要他们步行走出噶伦堡。途中，由嘉乐顿珠驾驶的一辆汽车把他们送到印巴边境。一位美国人又给了他们每人一条长长的缠头和一件旁遮普大裤，把他们打扮成锡克人，最后到达东巴基斯坦（今孟加拉国）的达卡。两天后，一架美国飞机又把一身美军打扮的他们送到了一个不知名的地方。在这里，他们接受了为期4个月的训练。

1957年8月，这些受训结业的康巴叛军被空投到西藏，其使命是指导叛乱并促使达赖喇嘛公开向美国求援。其中两人与贡布扎西取得了联系，并于1958年1月在达赖喇嘛的夏宫罗布林卡秘密会晤了达赖喇嘛的管家帕拉·土登维登。

1958年秋天，中情局又向川西理塘地区空投了4名受训结业人员。在这4人中，有1人着陆后被击毙，其余3人在刚找到一股叛乱武装后就被解放军包围，两人被打死，只剩下该小组的头领旺堆嘉措最终进入了西藏。

中情局的秘密援助助长了西藏上层分裂集团的叛乱活动。1959年3月10日在拉萨发生全面武装叛乱。3月17日，达赖喇嘛化装成一名普通的武装叛乱分子，同一些叛乱头目一起从一个叫做纳马岗的渡口逃离拉萨，前往叛乱武装的“根据地”山南。为了及时掌握达赖喇嘛外逃的信息，美国总统、中情局早已专门空投到拉萨两名专业情报人员，通过他们不断发送的电报，中情局及时了解情况并指挥达赖喇嘛出逃。从1958年开始，中央情报局又先后遴选了170余名康巴叛乱分子在琉球、塞班等地训练。因这些高原来客不习惯海岛气候，中央情报局遂又选择了与西藏地形、气候相近的美国本土科罗拉多州洛基山脉海拔10000英尺的赫尔营作为“康巴游击队员训练基地”。为了掩人耳目，1957年7月16日出版的《丹佛邮报》宣布，赫尔营即将启用为军事试验基地。在这个机密的营门口，赫然悬挂着“危险！请勿接近！”的牌子，登山者见后都以为是核废料处理场。营地的警卫也得到了命令，凡遇未经许可闯入者，一律就地击毙！对于西藏，六十年来，农奴获得解放，打破了西藏千年政教合一、人分几等的社会制度。此一伟大功业，实质上是与美国中央联邦政府“解放黑奴”相互辉映。

中国对西藏的立场，在1905年进行意在追认1904年拉萨协定的谈判时得到了澄清。一位英国作家表达得很恰当，他说，1904年的拉萨协定“就像坎特伯雷教堂的大主教和伦敦郡的议会主席同法国签订的一项新条约一样，不具有任何约束力”。该协定是扬哈斯本上校（后来被封为弗朗西斯爵士）率领军队从印度侵入西藏，攻抵首府拉萨，胁迫当地政教人士缔结的。文森特·史密斯教授是研究印度史的权威，他认为那次进军是“不必要的，也是全无所获的”。

在美国60年代培训藏族人武装骨干的训词中，开篇就是：“中国是一头雄狮，现在它还处于睡眠状态，一旦苏醒过来，对美国乃至世界民主国家都是极大的威胁。我们目前要做的就是趁它还在睡眠中，把它分割成西藏、新疆、内蒙古、满洲、中原五个部分，分散它的力量。为此，美国要全力支持西藏独立事业。”美国不仅这样说，行动上也是这样做的。

20 世纪 70 年代初，美苏两个超级大国争夺世界霸权，美国尼克松政府为了遏制苏联，推行“现实威慑”战略，对华政策调整为“联中制苏”。从 1972 年尼克松到福特、卡特、里根四任总统期间，美国的对华政策，基本奉行借助中国制衡苏联政策，在这期间，“西藏问题”摆不上美国桌面，也没有多少人关注。美国政府坚持西藏是中国一部分，坚持政府官员不会见达赖喇嘛。

1989 年后，随着东欧剧变，苏联解体，世界大国关系和战略格局发生巨大变化，美国取得了绝对的一超霸主地位。“西藏问题”再度在美国政治中爆热——政府直接介入，国会公开炒作，十四世达赖喇嘛每年一至两次甚至多次访美，美国民间包括好莱坞热衷“西藏问题”的人剧增。1991 年 4 月 18 日，老布什在白宫首次以美国总统身份“私人会晤达赖”，打破了美国历届政府高级官员不与达赖会晤的惯例，标志着美国政府对达赖的态度急转。此后，达赖每年到美国访问，几乎都要受到美国总统、副总统、国务卿等政府要员接见的礼遇。美国总统会见达赖后，其他一些国家首脑都纷纷效仿，争相接见达赖。

克林顿上台后，公开把“西藏问题”纳入美国对华政策，在 1993 年、1994 年、2000 年先后三次会见达赖。1994 年美国国务卿克里斯托弗访华时，首次敦促中国政府与达赖对话。1994 年 5 月 7 日，美国总统签署国会通过的“对外关系授权法”中，首次提出西藏“是被占领的主权国家，真正的代表是达赖及西藏流亡政府”。1997 年，美国政府在国务院专设了“西藏问题特别协调员”。从 1990 年到 2000 年，美国策划、组织在联合国人权会议上九次提起包括“西藏问题”在内的反华提案。

在美国对华政策大调整中，美国国会成为“西藏问题”集散地，经常举办各种名目的“西藏问题”听证会，不时通过各种“西藏问题”决议。一些议员，跑到印度达兰萨拉，直接为达赖集团出谋划策。一些议员还乔装游客到西藏散发达赖集团的宣传品，专拍落后小景，专访达赖集团安排的敌视现政权分子，回美国拼装一个“实地调查报告”，在国际上掀起一阵“西藏问题”狂澜。

1989 年，美国开始恢复对达赖集团的经济援助，据美国办的“自由亚洲电台”广播，近几年来，美国政府每年给达赖集团的津贴，已从 250 万美元，上升到 750 万美元。此外，美国又着手培养“藏独”后备军事力量，1990 年以来，美国伙同日、英、印等国及台湾地方当局，为达赖集团培训了数百名特工人员。1990 年，美国政府拨专款在“美国之音”电台开办了藏语广播并一再延长针对境内藏区广播的时间。1992 年又拨巨款建立“自由亚洲电台”并在其内开设几种方言的藏语广播。1991 年，美国通过修改移民法，接纳 1000 名流亡藏人移民美国。而且每年帮助“流亡政府”培训一批“高级公务员”。由于美国态度的转变及示范作用，“西藏问题”再度成为西方世界热点问题。达赖集团近年活动嚣张，与美国公开的和秘密的支持分不开。继达赖喇嘛在 1989 年获得诺贝尔和平奖，美国国会一年多前正式通过决议，向达赖喇嘛颁发国会金质奖章，表彰他对和平、非暴力、人权和宗教理解所作出的持久和杰出的贡献。这个决议指出，达赖喇嘛利用他的领导地位，在中华人民共和国境内西藏自治的谈判协议基础上，推动西藏人民的民主、自由与和平。

美国总统奥巴马于 2016 年 6 月 15 日晚间在白宫地图室会见达赖，这是奥巴马 8 年任期中第四次与达赖单独会面，双方上一次这样做发生在 2014 年 2 月，会见地点也是在白宫地图室。奥巴马是最近 10 年西方大国领导人中见达赖最多的一位，起了很坏的示范作用。

（七）美国的“国家民主基金会”积极插手西藏事务

从西藏事件发生以来，中国一直怀疑美国在幕后操纵，其中反复提到美国的“国家民主基金会”（National Endowment for Democracy，NED）。美国国家的资金确实是流向那些被中国视为暴动性质的组织中去的。而中转机构虽然并非总是，但经常是 NED 这个组织。仅 2006 年，这个机构就给西藏组织资助了 293000 美元，受助者包括“九・十・三运动”

（Gu-Chum-Sum 运动，位于印度的组织，旨在帮助中国的流亡政治犯），或者西藏妇女协会。2008 年，NED 也给国际西藏支持网络资助了 45000 美元，这个组织的成绩包括协调夏季奥运会前展开的有媒体效力的活动，比如火炬传递时的。

下面谈谈美国涉藏非政府组织机构历史、现状及发展趋势。美国涉藏非政府组织（NGO）是一个值得研究的重要课题。非政府组织是英文 Non-Governmental Organizations 的意译，英文缩写 NGO。一般认为，非政府组织一词最初是在 1945 年 6 月签订的联合国宪章第 71 款正式使用的。该条款授权联合国经社理事会“为同那些与该理事会所管理的事务有关的非政府组织进行磋商作出适当安排”。1952 年联合国经社理事会在其决议中将非政府组织定义为“凡不是根据政府间协议建立的国际组织都可被看作非政府组织”。在当时，这主要是指国际性的民间组织。

20 世纪 60 年代以来，美国非政府组织得到很大发展并且日渐成熟。它们不仅在美国的社会和经济发展中扮演重要角色，而且在外交战略方面发挥着重要作用。有专家认为：“中美关系是一个国家对一个社会的关系。”美国作为一个公民社会高度发达的国家，民间力量经常在中美关系中扮演主导议题、塑造议程的作用，在中美关系中制造麻烦。民间力量的多元化使得美国外交拥有多元的议程设置能力，而中国在应对的时候往往只能靠单一的政府外交渠道，这就相当于用一门高射炮打一群蚊子，只能被动地穷于应付。

杨洁篪国务委员曾经指出：民间友好交往是推动中美关系持久发展的不竭动力。“国之交在于民相亲”，中美关系发展归根到底要靠两国人民和各界人士广泛支持。实践证明，中美社会各界的交流与往来，有利于加深两国间的相互理解和友谊，有利于中美关系保持勃勃生机与活力。中国当前民间外交的潜力开发不够，主要还在于我们面对陌生的全球化世界，不太自信，开放性不强，没有理解到民间外交的抗风险性、回旋余地更大所致。我们通常说的外交，可以算是国家战略能力强大与否的表现。国家战略能力包括战略文化、战略思维和战略管理。文化当然属于人民的范畴。

人民参与关心政治、参与外交，当然会提升国家的战略能力。清朝时“莫谈国事”以及苏联搞的那一套，都是不利于国家发展的。由于民间的国际行为的确可以产生外交意义，所以，从这个意义上来说，民间外交就是配合国家外交行动的准外交行为。

二、“西藏问题”是印度用以制华的一张牌

“西藏问题”无疑是中印关系中一个不可或缺的“问题”，是印度国家安全战略的重要组成部分，是印度政府对华政策的重要内容，也一直是印度政府用以制华的一张牌。

1959年，在达赖的鼓动下，约有13000名藏人和达赖喇嘛一起流亡到印度。其后一两年间，约6万多藏人陆陆续续翻越喜马拉雅山，到达印度、尼泊尔、不丹等地，成为“流亡难民”。

刚抵达印度时，达赖喇嘛先在莫索尔安营居住，但由于当地气温较高，让“流亡藏人”感觉水土不服。最终，印度总理尼赫鲁选择了气候与拉萨接近的达兰萨拉“出租”给“流亡藏人”使用。这些“流亡藏人”哪里能想到，他们在达兰萨拉一住就是50多年。

达兰萨拉位于喜马偕尔邦的西北山区，分上下两部分。下达兰萨拉海拔1250米，基本是当地印度人居住。海拔约1800米的上达兰萨拉被称为麦克劳德，意为“小拉萨”，人数只有8000多人，规模只相当一个乡镇，为藏人聚居区，也是达赖喇嘛的寓所以及所谓“西藏流亡政府”所在地。

所谓的“西藏流亡政府”仿照西方的政治模式建立了政治体制与行政架构，依靠“西藏内阁（噶厦）”“西藏人民议会”以及“最高法院”对全球海外“流亡藏人”实行控制与管理。与50多年前相比，“流亡藏人”的分布已经发生了极大变化，不再局限在南亚，而是走向了欧美各国。

目前海外“流亡藏人”数量约为17万人，除去定居印度的近11万人，及生活在尼泊尔的3万多人，其他“流亡藏人”分布在31个国家与地区。

从历史上看，印度政府在“西藏问题”上的政策大约可分为四个阶段：

第一阶段（1947—1959）。在中印友好关系下，印度政府从只承认我

国对西藏的“宗主权”到承认对西藏的主权，对“西藏独立”的支持从公开转入隐蔽，把西藏作为中印之间“缓冲区”的观念一直未变。1954 年 4 月 29 日，中印两国政府正式签订了《中华人民共和国和印度共和国关于中国西藏地方和印度之间的通商和交通协定》，取消了印度继承的英帝国主义在西藏的各种特权。但是，印度政府并不甘心失去既得利益，继续利用它与西藏的宗教、文化和经济联系以及总领馆的合法地位，利用西藏上层不满民主改革，暗中策划和支持其叛乱活动：帮助挑选骨干，送往美国训练后，派回西藏组织叛乱；向叛乱分子提供情报；给美国和台湾国民党当局援助西藏叛乱活动以过境方便；听任叛乱分子在印度噶伦堡建立“藏独”活动基地。

第二阶段（1959—1976）。印度政府收留达赖喇嘛及外逃藏人，组建“流亡政府”和反华武装，牵制中国，中印关系走向公开对抗。1960 年，“西藏流亡政府”在印度达兰萨拉宣告成立，印度虽未公开承认其“政府”，却允许藏人公开举行集会、游行等分裂活动，叫嚷中国“吞并了印度领土”，中国是“汉族帝国主义”，叫嚣要印度政府轰炸我新藏公路。同时，印度还帮助组织反华藏人武装。先是组建“印藏特种边境部队”。

第三阶段（1976 年至 20 世纪末）。随着中印关系和解，印度政府在“西藏问题”上的政策具有更为突出的两面性。1976 年中印恢复互派大使，两国关系逐步改善。1988 年，拉·甘地总理访华，进一步推动了中印关系的全面发展。在此背景下，印度当局再次承认西藏是中国的一个自治区，重申不允许藏人在印度进行反华政治活动，西藏事务纯属中国内政的立场。

第四阶段（新世纪以来）。随着中印关系的改善和友好合作的加深，印度政府在“西藏问题”上的政策尽管存在变数，但呈“螺旋式”上升趋势。特别是 2003 年 6 月，在中印两国签署的《宣言》有关西藏问题的条款中，印度首次明确承认西藏是中国不可分割的一部分。实质上大大缩小了印度政府打“西藏”牌的空间，削弱了“西藏问题”对两国关系的影响。2005 年温家宝总理访印时，印度政府重申，承认西藏自治区是中华人民共和国的一部分，不允许西藏人在印度从事反对中国的政治活动。这是国大党从人民党政府手中接权后对其前任对华关系中西藏政策的肯定，这说明政党轮执不会改变印度政府在对华关系中的涉藏问题上的态度。

中国选择和平发展道路，是综合考虑中国国情、历史文化传统、和平与发展的时代主题及社会主义的和平性质的必然结果。早在邓小平时代，就提出了和平与发展两大问题，初步形成了和平发展的战略思想。其后，这一思想不断得到深化与发展。实际上，中国在 1978 年改革开放后就走上了和平发展的道路。中国的和平发展是开放的、合作的、科学的、和谐的、可持续的发展，是政治、经济及文化的全方位发展。中国的和平发展意味着中国不搞武力扩张，不会危及世界的和平与稳定。虽然中国和平发展关键在于内部因素，要靠自身努力发展，但是良好的国际环境更加有助于中国和平发展。依据现实主义理论，国家实力的强弱决定了它在国际体系中的地位与作用，也决定了它对国际环境的影响程度。由于印度实行经济改革后，综合国力大幅提升，对国际环境的影响显著增强。加之，印度又与中国紧密相邻。因此，印度对中国和平发展的国际安全、政治、经济环境有着重要影响。研究中国和平发展进程中的印度因素，有利于中国利用其中的积极影响，避免其中的消极影响，促进中国和平发展的进程。

“西藏问题”是印度对华认识上的一大误区。一些印度人至今仍习惯使用“西藏和中国”这样的表达方式，也就是说，他们并不把西藏看作是中国的一部分。

近些年，中印两国在边界问题上摩擦频频，其根源就在于两国在“西藏问题”上的原则性分歧。一些印度学者私下里与《世界新闻报》记者探讨时曾问过这样的话：“既然印度已经承认中国‘占有’西藏，为什么中国不接受麦克马洪线，而是非要在边界问题上与印度争执？”由此可见，一些印度人错误地认为西藏是被中国“占领”的，而印度只不过是取得了藏南这一小块领土，中国根本没有理由与印度争执。

另外，随着中国国际地位的提高，一些印度人对中国的嫉妒心也随之加重，以至于印度将自身在国际舞台上的“失意”片面归咎为中国的“从中作梗”。譬如，在联合国安理会“入常”问题上，印度就无端地认为自已不能“入常”是中国在“背后阻挠”。

当然，对华偏见只是部分印度人的观点，许多知识界人士对中印关系有着理性的认知。《世界新闻报》记者的朋友、研究社会学问题的尤坎德尔就认为，某些印度人自封“文化宗主国”的意识是完全错误的，中国确实曾在历史上借鉴了印度文化，但中国文化也曾向全世界扩散，印度“文化民族主义”的立场是极其愚蠢的。

2009 年印度媒体曾刮起过猛批中国的一股歪风，严重伤害了中印关系。在国际场合，“中印矛盾”也不断成为西方势力试图加以利用的因素。所有这一切都没有给印度带来丝毫好处，反而阻碍了印度发展经济的努力。

针对这种情况，印度国内不断有人发出反思之声。在最近举行的一次中印关系研讨会上，有印度学者在与《世界新闻报》记者交谈时恳切地说，中国如同一棵大树，而在印度，有些人只看到这棵大树遮挡了印度的阳光，却没有想到这棵大树也为印度遮挡了许多风雨。如果没有中国，许多来自西方的压力都会落在印度头上。而目前西方对印度的种种拉拢和优待政策，实际上都是为了要利用印度抗衡中国。

三、“藏独”新特点：与“台独”“疆独”狼狈为奸

（一）长期以来，达赖集团鼓吹分裂西藏“三步曲”

以“和谈”实现回国，以“自治”实现夺权，以“全民公决”“三步曲”实现独立，这是达赖在他预言破产、渗透受挫、国际化无效的惨败中，经外人指点，分裂策略以退为进的新调整和实施目标。早在 1987 年，范普拉赫在其《西藏的地位》一书中就设计了一个使西藏最终成为“独立国家”的“三步曲”。这三步的第一步：“一国两制”。即“在中国国家结构或中国对西藏的正式要求没有任何改变的情况下，至少使西藏人得到真正的，而不是名义上的自治”，亦即“外交与防务一般控制在中央政府的手中”，“自治的实体有权缔结文化与经济事务的国际协定”。范氏甚至还认为他设计的这种“自治”符合中国 1982 年《宪法》中第 31 条有关“特

别行政区”的条款。第二步：“中藏联盟”。按范氏的观点，“对西藏来说，一个更令人满意而同时又能照顾到中国的基本利益的解决办法是建立一种自由的联盟关系”。这一“自由的联盟”颇有些类似苏联解体后的“独联体”。第三步：“西藏独立”。即“使西藏重新成为一个法律上和事实上的独立主权国家”。这一与达赖的“一国两制”主张有着惊人相似之处的“三步曲”无疑正是对达赖的“一国两制”背后的祸心所作出的最好的注解。

（二）与“台独”勾结，互相吹捧，狼狈为奸

民进党当局与以达赖为首的“藏独”势力早有勾结。隶属于“行政院”的“蒙藏委员会”就是专门负责处理西藏和外蒙事务的机构，每年分得的预算高达 1.5 亿元新台币。2000 年 5 月，刚当选台湾地区领导人的陈水扁举行就职典礼，达赖集团派出了以所谓“西藏人民代表会议”会长桑东为首的 3 人代表团参加。民进党为表示欢迎，在一次餐会上当场将台湾政界、商界捐出的 12 万美元赠给达赖集团。2001 年，台当局不顾外界的广泛反对，执意邀请达赖到访。达赖一行进入“总统府”后。陈水扁“特别在回廊迎接。两人似乎相见恨晚，陈水扁准备了台湾桧木雕刻成的欢喜佛赠送，而达赖也献上哈达”。

为表达对西藏和新疆目前局势和人权状况的关注和支援，台湾非官方组织世界文教基金会在台北举行“西藏和新疆的人权状况论坛”。西藏流亡政府驻台湾办事处代表达瓦次仁应邀出席论坛，并就西藏方面发表演说时强调，西藏人民和西藏传统的宗教与文化面临着生死存亡的危机。

争取达赖集团及流亡藏人回归是毛泽东、邓小平、江泽民和胡锦涛等四代领导人的一贯政策。爱国不分先后是毛主席的一贯思想。小平同志一直关心达赖早日回归。早在 1978 年 12 月 28 日邓小平同志在接见美联社新闻记者时就说过：“达赖可以回来，但他要作为中国公民。”记者问：“贵国政府还有什么条件吗？”小平同志说：“我们的要求就是一个，而且我们提出爱国不分先后”；“我还是那句话，他可以来，回来后还可以出去”。李鹏总理在西藏解放 40 周年答新华社记者问时提出：“我们的根本原则只有一条，即西藏是中国不可分割的一部分……中央政府一贯表示愿同达赖喇嘛进行接触，但达赖喇嘛必须停止从事分裂祖国的活动，改变‘西藏独立’的立场，除了‘西藏独立’不能谈，其他问题都可以谈。”

目前国外都十分重视对西藏问题的研究，并陆续成立了许多藏学研究机构，比如美国、日本、英国有西藏研究会。英国有西藏研究所，意大利有中远东研究所，美国除设立西藏基金会外，印第安纳大学、华盛顿大学、纽约大学、耶鲁大学、斯坦福大学、加利福尼亚大学、威斯康星大学都设有西藏语言、宗教、历史等研究中心，负责收集我国情报，歪曲西藏文化，为“西藏独立”制造舆论。我国目前在西藏、四川和北京有研究西藏的专门机构，但上海至今尚无研究西藏的机构，这和上海这样一个国际型大都市很不相称。建立西藏研究小组不仅有利于维护中国的统一和中美关系的顺利发展，也有利于继承与发展西藏的民族与文化。

四、怎样搞好跨喜马拉雅经济带建设

位于亚洲心脏地带的喜马拉雅山脉，平均海拔超过 7000 米，是世界上最巍峨雄壮的山脉。然而山脉两侧的 10 个国家，人均国民生产总值尚不到世界平均水平的一半，5 个国家仍处于最不发达国家行列，各国都面临着发展经济、改善民生、振兴国家的任务。那么，如何将喜马拉雅山脉的天然屏障变成未来区域合作的桥梁，让该地区内超过 30 亿人民共享发展、繁荣，让跨喜马拉雅地区成为世界发展的“屋脊”？

作为历史上南方丝绸之路、唐蕃古道、茶马古道的重要参与者，西藏如今提出了麝香之路应共建“环喜马拉雅经济合作带”，这是西藏主动对接“一带一路”和“孟中印缅经济走廊”而提出的扩大对内对外开放的举措。我个人认为，无论从边疆经济学的理论来看，还是从西藏当前的发展基础来看，环喜马拉雅经济合作带建设都前景可期，且大有可为。拉萨有望成为我国西部地区的“深圳”。

2015 年 3 月 28 日，习近平总书记出席 2015 年博鳌论坛年会开幕式并发表了题为《迈向命运共同体　开创亚洲新未来》的主旨演讲，他 25

次提到“命运共同体”并强调：“亚洲是世界的亚洲。亚洲要迈向命运共同体、开创亚洲新未来，必须在世界前进的步伐中前进、在世界发展的潮流中发展。”专家认为：习近平总书记主旨演讲展现出“五大亮点”，再次提出“亚洲方式”的新命题，开幕式本身可谓“一带一路”的各国大合唱，让人印象深刻。

面对上述挑战，我的对策建议是要抓主要矛盾，特别要改变印度对共建孟中印缅经济走廊和环喜马拉雅经济合作带不够热心的现状。为落实杭州二十国集团峰会和金砖国家领导人非正式会晤达成的共识，坚持“创新、活力、联动、包容”，引领世界发展，中印应在同心同德、共同携手、共担发展中国家领头羊和金砖国家框架内更好加强合作，建议中印就增信、对接、创新、联动八个字、四个方面下功夫：

一、所谓“增信”，即增信释疑，全面提升区域互联互通水平，共创美好未来。应探索如何顺应历史潮流，把握国际大势，加强协调和配合，共同把金砖国家和二十国集团这两个重要平台建设好、维护好、发展好，推动新兴市场国家和发展中国家在国际事务中发挥更大作用，在国际治理中占据更加主动有利地位。增信释疑更要强调“心灵相通”，即寻找利益契合点，逐步磨合立场，缩小战略分歧，达成共识，促进互利共赢。

二、所谓“对接”，即具体项目推进区域务实合作，对接“两个文明”和“一带一路”；对接G20和金砖国家机制，特别对接两国发展规划，比如落实中国承诺在印度投资200亿美元，积极推进孟中印缅走廊建设；对接“印度制造”和“中国制造”；同时加强经贸合作，发挥中印与地方，政府与市场两大积极性，缩小贸易赤字，加快两国市场对接，加快FTA谈判步伐；办好地方合作论坛，落实双方签署的几十个协议。

三、所谓“创新”，即不断“探索”新的合作领域。特别创新和包容性发展。根据印度提出2016金砖国家峰会主题：相应性、包容性和集体性解决方案。中印应尽快启动智慧城市合作，以印度古吉拉特邦国际金融科技城和中国深圳为试点，并签署《2015—2020年中华人民共和国国家航天局与印度共和国空间研究组织航天合作大纲》。中方为印方升级经乃堆拉山口的朝圣路线，进一步促进两国宗教交往，为印方朝圣香客提供便利。

四、所谓“联动”，即密切文化交流，筑牢中印伙伴关系的基础。首先，深化媒体交流，夯实合作理论基础。为此，一是讲好两国经济发展故事。要充分展示两国经济发展的成就和前景，向世界传递两国对合作发展的信心和领跑经济发展的形象。二是搭建两国经贸交易平台。

据考证，举世闻名的“丝绸之路”在浩荡西行之际，青藏高原上还有一条她的姊妹路也在蜿蜒向南，经南亚各国抵达西方，构成古代东西方交往的另一条交通要道。这就是史称“麝香之路”的高原古道。清代同治和民国年间也有中外史料的记载，克什米尔拉达克首府列城和西藏拉萨之间，一直有一条长年的行商贸易路线。噶大克沿雅鲁藏布江和拉萨间有 22 个官方驿站。考古学家们提出，西藏的“麝香之路”是继北丝绸之路、南丝绸之路、海上丝绸之路后的第四条东西方贸易通道。

关于西藏的麝香之路，1988 年浙江人民出版社出版了上海社会科学院常霞青女士的《麝香之路上的西藏宗教文化》一书，1991 年在台湾修订再版。关于这条西藏的麝香之路，常霞青女士多次这样记述：“由日喀则向南和西南可到印度，向西北可至日土，再北上可同第一条‘丝绸之路’相接，其地理位置之重要可想而知。”“北可同第一条丝绸之路相接，走西南向可到尼泊尔和印度”。

“第二段是由日喀则到印度的交通线。由日喀出发，经谢通门、彭错林、拉孜、昂仁、桑桑、萨嘎、扎多木、仲巴、帕羊、桑木桑、马悠木山口、巴格、普兰、柏林山口，可至印度。”

“第三段是由日喀则到叶城，同第一条丝绸之路会合。即由日喀则出发，经昂仁、萨嘎、仲巴、巴格、噶尔雅沙、噶尔、扎锡冈、狮泉河、日土、善和、铁隆滩、泉水沟、大红柳滩、希迪拉、叶城，同第一条丝绸之路会合，再向西莎车、英吉沙、疏勒、喀什，至中亚、西亚和地中海沿岸诸国。”

据史料记载，罗马帝国在公元 1 世纪便通过昌都—拉萨—阿里—西亚一线交换西藏盛产的麝香，因此这条路被称为“麝香之路”。到了公元 7 世纪，随着吐蕃与中原地区政治、经济、文化交往的频繁，内地的茶叶、陶瓷、红糖等从成都和普洱等地运到昌都，并沿着“麝香之路”，进入雪域高原和西亚地区，“麝香之路”进一步成为古代中西方商业、文化、宗教、军事交往的通道。然而，吐蕃王朝崩溃后，长期的封建割据，连年的战争，特别是古格王朝灭亡后，这一通道趋于萧条。西藏和平解放后，川藏、新藏、中尼等公路沿着古“麝香之路”伸展到祖国的西陲边关。近几年来，为加速建设适应市场经济需求的经济基础设施，国家还投巨资对这些公路进行了全面整治改建。沿线地县纷纷把公路的畅通作为深度发展市场经济的突破口。在川藏公路沿线，近几年来各地县兴起了路边城镇改造的热潮。

专家认为复兴“麝香之路”意义重大，达到一箭双雕之目的。一方面它可解中国崛起面临“马六甲困局和印度洋困境”，另一方面，可打造世界发展“屋脊”，促进西藏跨越式发展。

马六甲海峡是联结亚、非、欧三大洲的重要通道，历来是兵家必争之地。中国要寻求海外利益的增长，对马六甲海峡的依赖也在增长。马六甲海峡往东，是中国广阔的南海海域。这里是中国的南大门，是中国走向世界的重要海上通道，南海的安全关系着中国未来的发展和安全。中国只有在印度洋上获得战略优势，才能确保自己的海上能源命脉、贸易通道不受制于人。中国能源安全以及石油进口多元化战略实施也与马六甲和印度洋高度相关。

另一方面，可促进西藏跨越式发展。习近平总书记强调，中央历来高度重视西藏发展稳定，高度关心西藏各族群众生产生活，希望西藏各族干部群众认真贯彻落实中央关于西藏工作的一系列方针政策，坚定不移走有中国特色、西藏特点的发展路子，积极构建维护稳定的长效机制，加快推进西藏跨越式发展和长治久安，确保到 2020 年同全国一道实现全面建成小康社会宏伟目标。习近平总书记提出“一带一路”倡议实质是实现经济社会更快更好的发展，就是要坚持科学发展观，其根本着眼点是要用新的发展思路实现全面、协调、可持续发展。西藏解决一切问题的基础和关键在于发展，发展是硬道理，这是我们必须始终坚持的战略思想。“一带一路”被认为是中国对外开放的重要部分，要形成“一带一路”思想。实际上，“一带一路”思想是在全球化 4.0 的大背景下，依靠投资、贸易和货币，重新参与到全球化经济政治活动中。对内，淘汰落后产能，促进产业经济转型；对外，增加新的需求，扩展海外影响力，助推人民币国际化。

有报道说，中国呼吁印度一同打造通过尼泊尔的经济走廊。外交部亚洲司副司长黄溪连曾在北京宣布，这个庞大项目的落实将改变整个区域。“如果我们能达成经济走廊协议，那么我们将有信心推动这个对所有人都有利的倡议”。中国外交官这样指出：“边缘区”可以成为“核心区”。绵延数千公里的喜马拉雅山脉，是西藏与南亚次大陆的天然界山，也是中国与印度、尼泊尔、不丹、巴基斯坦等国的天然国界。在古典经济学理论中，“边界”是市场空间的障碍，因为它使边界两侧的经济联系在空间上和时间上的距离加大，进而加大交易成本。从 20 世纪 80 年代开始，随着经济全球化、区域一体化，国内市场的重要性降低，经济学家们逐渐改变了对“边界”的看法，认为“边界”还有“中介效应”：口岸城市由于具有便捷的可达性和低成本，使得其在与外国的市场联系中更具有吸引力。从事国际贸易的企业，更有可能向国家边境地区迁移。

经济学家们认为，在开放经济的条件下，边境地区从过去的“边缘区”转变为“核心区”，并在边界适当开放和其他政策催化下，能够形成一个跨境的边疆经济合作带。

边疆经济学的理论，预示着环喜马拉雅经济合作带有一个美好的前景：我国提出了推进“孟中印缅经济走廊”“中巴经济走廊”，以及“中尼印经济走廊”建设。西藏提出的“环喜马拉雅经济合作带”与上述三个经济走廊建设相呼应，形成对接。这三个走廊一旦形成，环喜马拉雅地区将被纳入到海洋经济循环，内陆经济与海洋经济之间将形成良性互动。环喜马拉雅经济合作带上的各国将更多接受海洋经济的辐射。印度东部各邦将拥有一个更高效便捷的出海口，缅甸、孟加拉、巴基斯坦将在与中国的合作中受益。中国的西藏、云南、新疆等将从内陆省份转变为开放的前沿阵地。

随着环喜马拉雅经济合作的推进，合作带上的各国基础设施将进一步完善，互联互通性将进一步增强，市场贯通的步伐将进一步加快。在此基础上，通过发挥各国各地的比较优势，可实现互惠互利：经济上，有望催生出一个次区域合作带；政治上，能够对亚洲地缘政治格局产生重大影响。

可学习云南昆博会做法，创办拉萨博览会。再则可拓展中印边境交流合作。我们应当充分利用各类交流合作机制，开展多层次、多领域、多元化务实合作，共同夯实两国合作的基础。更要密切两国文化交流，促进科技进步和人才培养，建议加强两国大学间交流，建环喜马拉雅经济带研究中心等。

结　语

环喜马拉雅经济合作机制和孟中印缅合作机制的成员国既有东南亚国家缅甸，也包括南亚国家孟加拉国、尼泊尔、不丹和印度，而西藏的发展新定位就是建设面向南亚、东南亚与印度洋辐射中心。因此，西藏应该在环喜马拉雅经济区域合作的舞台上主动作为、大胆探索。环喜马拉雅经济地区合作顺应了区内各国加快发展的愿望，结合各国的国家发展战略，提供了一个包容性巨大的发展平台，具有深厚的历史渊源和人文基础，有利于中国尤其是西藏与有关国家实现共享机遇、共同发展、共同繁荣。拉萨有望成为我国西部地区的“深圳”。

中印关系发展历程及前景展望[①]

姜景奎

从国际关系来看，从 2010 年开始中国与周边国家展开了对外关系的一种新思路、新倡议，中国提出要营造睦邻友好的对外关系，特别要关注与周边国家的外交关系。从某种角度看，中国跟周边国家的关系有三组重要的大国关系，第一组是中美关系，这一点大家都很清楚，当然从地域上美国不是中国的近邻，但无论从两国关系的广度讲还是从两国关系的深度讲，中美两国实际上是近邻，某种程度上说比其他国家都要近。这是因为中美关系不仅包含中国南海问题、中国东海问题、黄海问题，甚至还包括中国和东盟关系问题，所以中美关系是中国必须面临和科学解决的最重要的一组关系。第二组大国关系是中俄关系，中俄关系牵扯到中国与东北亚的关系、中国与北亚的关系以及中国与中亚的关系等。第三组关系就是中印大国关系。中印关系牵扯到中国跟中亚，比如说伊朗、阿富汗、巴基斯坦——阿富汗和巴基斯坦当然属于南亚的阵营，但是他们也兼及中亚。然后，东南亚如缅甸、泰国，也即环孟加拉湾多领域经济合作组织，这整个是属于南亚东南亚之间的，所以牵扯到中国和东南亚的关系。中国如果能处理好这三组大的近邻关系——中美关系、中俄关系、中印关系，中国整个的核心地位、整个“一带一路”倡议组织实施就可以取得成功。在周边

① 本文是北京大学南亚研究中心主任、南亚学系主任、博士生导师姜景奎教授于 2016 年 11 月 26 日在西藏民族大学“藏秦讲堂”（第 10 期）的讲学内容，经姜景奎教授审阅定稿。

取得成功以后，中国走向任何地方都可能没有问题。

一、中印关系概述

（一）中印关系源远流长

中印关系从某种角度一直是被中国忽略的关系，当然现在不能忽略，原因很简单，中国的“一带一路”倡议也罢，还有其他之前做出的一些GDP发展规划也罢，中国经济改革必须加快推进去产能、供给侧改革，都是民生问题。在“一带一路”倡议里面，南亚、东南亚、中亚整个都是其核心，如何搞好中印关系这一组核心大国关系，带动地区关系的工作，可能是中国“一带一路”倡议很重要的一部分。习近平总书记刚刚结束对东南亚柬埔寨、南亚孟加拉国以及印度的访问，也是去实践“一带一路”倡议的重要步骤之一。金砖国家组织提出了旅游、文化、人文、社会，实际上也是“带路”倡议具体实施的一部分。为此，本文将从历史角度阐述中印关系的一些问题，以及过去中国对中印关系的顶层设计及实施。

（二）中印关系辨析

从某种角度来说，国内学界一般喜欢说中印关系是“龙象共舞”。理论与实践反复证明，从大国关系来说，大国关系好也好不到哪里去，坏也坏不到哪里去。因为大国关系一旦很坏，那对世界或者地区就会产生根本性的、破坏性影响。因此建设大国关系，目标往往是即便建设好不到哪儿去，但也不要让它坏，让它相对健康地发展其实是一种外交共识。提到“龙象共舞”，这里要普及一下常识，“龙”往后大家不要使用“dragon”这个词，建议使用“loong”。因为“dragon”是个英语词，西语形态之下“dragon”是恶的东西，而中国的龙是吉祥的象征，当你用“dragon”这个词的时候，大家会想到恶的意境，而想不到中国龙吉祥的意境，所以使用中国的龙，就要用L-O-O-N-G这个词。“象”实质上是四平八稳的，所以真的要用动物来形容中印关系，应该是中国的龙，然后还有熊猫——

憨态可掬的，给它什么它要什么。印度还有孟加拉虎。所以这才能真正体现出中印关系，这样比较协调、比较合适，中印关系用四种动物来表达，分别是中国的龙＋熊猫和印度的象＋孟加拉虎。中印与世界、中国与南亚、中国与印度，所以环孟加拉多领域经济合作组织是中国陆上的重要地方。北方是丝绸之路经济带，南方是21世纪海上丝绸之路，所以中国不得不关注它，而且这块世界市场太大，中国不能忽略。什么是市场，人口就是市场。从这个层面判断俄罗斯实际上不是大市场，那么大的地盘不是大市场，主要是因为它的人口少，市场由人口决定。所以说中国一定要十分关注中印关系。

（三）中印关系中的山水共享和道路互通

那么，中印关系怎么来形容？神山圣水如何共享？冈底斯山脉上有一座山峰叫冈仁波齐峰。冈仁波齐峰在印度教里是湿婆大神所在地，也是佛祖释迦牟尼的道场之一。大家可能不太了解道场，宗教经典中经常说观音菩萨的道场是普陀山，普贤菩萨的道场是峨眉山，文殊菩萨的道场是五台山，地藏菩萨的道场是九华山。冈仁波齐峰是中国西藏象雄文化的中心，吐蕃王朝之前，象雄文化是西藏的主体文化。而从冈仁波齐峰上下来五条河流，两条形成印度河，印度河在巴基斯坦境内；一条形成恒河，恒河贯穿整个印度北部；一条形成雅鲁藏布江，在印度境内叫布拉马普特拉河；一条形成圣湖玛旁雍错。这五条河流实际上共同养育了喜马拉雅文明所在地的子民，所以中印两大文明是分不开的，是共享一山、共饮一水的。俗话说一方水土养一方人，好像中印隔得很远，实际上中国和印度喝的是一方水，都是冈仁波齐峰的水。这个地方在印度文化中是不得了的，印度人到这里祭水、提水，然后注入寺庙，注入圣河。

中印之间不仅共享山水，还共享通道，这些通道包括西域道、西藏道、滇缅道和南海道。北路西域道，也就是陆路，是公元前2世纪张骞出使西域时开辟的道路，之后很多朝圣者、西行取经求法人进一步拓展了这条路，这条通道是自古就存在的。第二条是西藏道。因为这条道涉及西藏如何发展边境贸易，如何响应“一带一路”倡议，即便是西藏民族大学要在服务西藏经济社会发展上作出贡献，也都要重视和考虑这条通道。中国西藏与印度、与尼泊尔、与不丹之间的接触交流都是借助这条通道实现的，而这条通道也是自古就有的，不是说今天才发现的。此外，滇缅道也是汉武帝时代由张骞出使西域时“发现”的，南海道也于同时期被发现。这四条通道加上共饮一水和共有一圣地，决定了中印关系的不可分割性。所以说中国和印度这组大国关系自古有之。今天，如何看待和建设这组关系，可能是各级各界尤其是学界要共同面对的一个问题。

二、中印关系的五个时期

按历史时期，可以把中印关系分成五个时期：初期、发展期、黄金期、转型期、新时期。本文接下来对这几个时期做具体解释。

（一）中印关系的初期

中印关系的初期这里只介绍概念，首先一个就是“中国”在印度语里怎么说——叫“cin”，也就是“秦”的音译，不叫“China”，“China”是后来的，而“cin”早在公元 1 世纪之前就已经出现了。这里重点谈中印关系的顶层设计问题，中国与外国的关系发端于中国跟西域、印度的关系，始于顶层设计。中国对外关系首先要归功于汉武帝和张骞，他们两个人做了非常了不起的工作。公元前 138 年张骞出使西域，历经艰险，到达今天的阿富汗境内，并在那里发现了不少中国的东西，比如说中国的丝绸和竹杖（蜀布和邛竹杖）。张骞是甘肃人，了解这些东西是四川的，就对当地人说：这些是中国四川的东西，你们是从哪里贩来的？当地人回答：是从东南方的印度进口来的。印度哪有这些东西呢？肯定不是从张骞发现的这条路上来的。张骞归汉后跟汉武帝汇报，既然他们说这些东西是从印度传过去的，说明很可能有一条从四川通往印度的路。汉武帝确实英明，在假定有这条路之后，就开始行动起来去找这条路。汉武帝先后派三拨人去寻找，每次都途经滇国——今天云南大理，也是非常重要的文化中心，是藏文明、汉文明以及东南亚文明交汇之地。使臣每次到这里都被当地国王挡了回去，不让过关。中国有一个“夜郎自大”的成语，就是这时候出来的。汉武帝的使臣返回时，途经四川贵州交界夜郎这个地方，夜郎国王就问，大汉比之我夜郎，孰大？大汉使者窃笑，谓之“夜郎自大”。另外，汉武帝听张骞说还有海道，汉武帝便派人乘商船到达印度。所以，滇缅道虽然没有成功，但这条海路却成功了。这些道路是中国主动开辟的，所以中印历史从这时起真正有了一个非常好的记录。丝绸、竹杖、铜钱，从中国传入印度的东西数不胜数。相反从印度传入中国的东西也很多，如苜蓿、胡椒、胡瓜、棉花等。今天常说的黄瓜，在甘肃不叫黄瓜而叫胡瓜，因为从西边来的叫“胡”，比如胡琴，波斯猫也叫胡猫。另外还有首饰之类的就更不用说了。总之这是非常重要的一段历史。张骞出使第一次将中亚和印度纳入中国视野，这也是发展对印关系从不自觉到自觉的转折点。

（二）中印关系的发展期

人类发展不管是在地球的哪片土地上基本都是同步的。中华文明、印度文明以及西方文明在同一时期出现过三位伟大人物：中国出现孔子，印度出现释迦牟尼，西方出现苏格拉底。所以文明发展有时候特别有意思、特别巧合。地球上的土地、水文在一定程度上、在同一时期产生这样的人物，苏格拉底为首的有一大批人物，释迦牟尼为首有一大批人物，孔子为首的有诸子百家，也是一大批人物，需要特别关注的是，同样在公元前 4 世纪出现了一个伟大的国王——印度的阿育王。什么叫国际化？什么叫全球化？好像国际化和全球化是很新的，实际上公元前 4 世纪阿育王就提出了国际化的概念。那么佛教往哪延伸呢？一直传到克什米尔、斯里兰卡。由于阿育王的国际化视野和佛教的国际化观点，才有目前的东亚文化。中国还有一个汉明帝“夜梦金人”，于是派人求取佛教东进。请来两位印度人——摄摩腾和竺法兰，这两个人到中国以后就没有回国，死后葬在白马寺。据说他们用白马驮经到中国来。另外一位伟大的人物是鸠摩罗什。他是中印人，父亲是印度人，母亲是新疆龟兹人，龟兹国公主，他是佛教上师，有大学问，而且很帅。皇帝说，大师啊，你这么帅，这么有知识，你不能没后啊。大师说，不行，我是和尚，我只以法为我的宗旨，一心传教。皇帝说不行，非得给他娶媳妇，后来就派好多女人与他居家过日子。还有一位叫菩提达摩，是中国禅宗祖师。他在少林面壁十三年，成就了禅宗第一祖美德。再往下，猪八戒出来了，这是确有其人的。文学作品不是凭空想象出来的，文学艺术产生于现实生活，孙悟空的原型是《罗摩衍那》里的猴子大将，猪八戒的原型叫朱士行，是第一个往西方求取真经的人，但他没到达印度，到新疆就留下来了。法显很重要，他是先于玄奘去印度的，是第一个有巨大影响的和尚。玄奘从长安出发，走了一圈回来，这条道路是汉武帝开辟以后的道路。所以伟大的人物做伟大的事情，这些真是高山仰止之人呀！佛教东传在中国大地上留下了许多痕迹。北方有四大石窟——敦煌莫高窟、天水麦积山石窟、大同云冈石窟、洛阳龙门石窟。南方有众多的寺庙，“南朝四百八十寺，多少楼台烟雨中”。江南之地被佛庙覆盖，四百八十寺是实词虚指，岂止四百八十寺，比如鸡鸣寺——中国最有名的佛教寺庙之一，比如灵隐寺——印度慧理和尚在浙江杭州所建，少林寺更不必多说了。

中国文化讲究的是修身、齐家、治国、平天下，中华文明重视现世，重视世俗生活，目标是“平天下”。人生在世，一定要平天下，最大限度地左右世俗世界。什么叫“平天下”？“平天下”的标志是什么？就是要有思想，并有强大执行力。习近平提出“一带一路”倡议，全国人民就去实践，学者就去研究。这里需要注意一点，不是每个人都可以“平天下”，所以中国文化缺少一样东西，平不了天下怎么办？这就需要对人生进行某种补充，西方文化强调人神合一。中国文化主体是子不语怪力乱神，是没有神这一个台阶，不言神。可是印度有一个信神的状态，人跟神结合到碌碌无为乃是一种修行。所以中国人出现当不了官就“采菊东篱下，悠然见南山”的慨叹，当不了官中国人就“不辞长作岭南人”，只要“日啖荔枝三百颗”。因为中国是讲究入仕做官，杜甫哭得不得了也要做官，李白那么潇洒也要做官，欧阳修文气冲天也要做官。做不了官就去求法。所以中华文明，包括以儒家文化为主的中华文明有一个拥抱外来文明的气魄。中国在汉朝、盛唐时候主动出击，迎接外来文明。中国目前的文化是什么？引入了一个精神天下，就是以儒家文化为主体，以释道文化为两翼。释文化就是引入的，是注重来世的。中国讲来世，来世是什么？很多人不相信。实际上来世是对文明的一个补充，这世做不了夫妻，来世做夫妻吧，起码可以安慰安慰自己。中华文明自身没有来世一说，不讲来世。所以在中印关系交流中引入了一个精神天下。现在说中国佛教是中国的传统佛教，这是完全正确的。印度 2007 年做了一件事情，要建立国际佛教大学，目的是要在佛教方面争取发言权，以提升印度国家软实力。因为现在印度佛教不行了，印度以印度教为主体，佛教不行了印度要争夺佛教发言权，实现佛教软实力再腾飞。中国是当今最大的佛教国家，中国拥有最多的佛教信徒，印度是没有的，印度现在只有不到 0.8% 的人信仰佛教，而且那些都是印度教不可接触者皈依过去的。今天的“一带一路”倡议也罢，民生经验也罢，国家综合实力、软实力建设也罢，佛教是中国的，中国拥有佛教所有三支——北传佛教、南传佛教在云南、四川，藏传佛教在西藏。中国有世界上最完整的佛教体系，也有世界上最庞大的佛教信徒队伍。

（三）中印关系的黄金期

隋唐五代十国，印度戒日王朝、拉其普特王朝是中印关系最兴盛的黄金时期。玄奘到印度是个奇迹。想想今天的阳关也罢，玉门关也罢，多吓人，当时风沙漫天，玄奘能出去是因为有精神在。所以每个人要有精神，别的可以没有，精神得有。我到印度走了很多地方，但走不过他。唐玄奘在印度家喻户晓，而且有一个名号，叫大乘天。大乘是大乘佛教，天是神。玄奘在印度能得到大乘天的美誉是因为他跟印度人“打仗”。怎么打？用嘴打。印度人善于辩论，到今天都是这样的，印度人开国际会议时，他们提问，别人还没回答完，印度人就回答，最后别人什么都不说了，但印度人就相互争论。从这个角度看，玄奘太厉害了！由于唐玄奘，中印关系才有今天的美丽篇章。习近平总书记访问印度，第一站莫迪总理让他看唐玄奘到访过的他的家乡；莫迪总理访问中国，习近平给他展示西安，唐玄奘翻译佛经、受到皇帝礼遇的地方。唐太宗先是不让玄奘出去，玄奘出去以后，回来时受到唐太宗的迎接。中国传统京剧《打金枝》也跟唐太宗有关，他把女儿嫁给郭子仪的儿子，然后出现《打金枝》这出戏，说他为收买人心，实际上他做得很好。王玄策三次出使西域，第一次是什么样的？印度的糖怎么说——“cini”，“cini”是什么意思？“中国的”。原来唐太宗时期，中国制糖技术不行，跟印度交往后，听说印度人制糖制得好，就派王玄策去学习，说你到那能不能招几个匠人来，王玄策就招印度匠人来中国制糖。糖制好了，是黑糖，经过革新后把糖变成白的。白糖运到印度后，印度人又说中国制糖技术牛，所以就给它起名“cini”——中国的。从糖来感知中印文化交流，这是物质文化交流，是一个从印度到中国又回到印度的过程。学界说近现代中国汉语受日语影响很大，但是中国过去和印度之间的语言影响是双向的，中国的物质文化影响印度，印度的精神文化影响中国。上面介绍了在中印关系中发挥重要作用的法显、猪八戒朱士行、唐玄奘，下边介绍义净。法显是陆路去、海路回，玄奘是陆路去、陆路回，义净则是海路去、海路回，这三个大和尚是值得顶礼膜拜的人物。

这里顺便说说观音菩萨。实际上他集印度的双马童神——医神、维护之神毗湿奴、毁灭之神湿婆所有功能于一身。观音菩萨是男是女不知道，一会儿男相一会儿女相，观音菩萨就是这样的人。我跟印度人开玩笑说你们太过分，天上你统治，地下你也统治。天上中国文化中有玉皇大帝，但没权力，玉皇大帝说天一震就害怕，猴子都管不了。观音菩萨和如来佛随便在天上来回走，没有空中管制，限制不了他们，他们都是印度人。那地下呢？阎王是印度第一个死去的人。中国说阎王是从印度来的。中国有十殿阎王，包公也是阎王，是值班阎王。所以阎王其实是文化交流过来的。再看龙的故事，原来中国龙没有那么多故事，你说这个是龙王、龙女，在印度也是这样，龙在中国的传说中是吉祥的象征，是中国图腾的核心，但龙的很多故事哪来的呢？有一个传说非常有名。话说在泾河边上，有一个湖北举子柳毅到长安考试，落榜后很失落，走到泾河边上看见一女子寒冬腊月洗衣服，一边洗一边哭，这个举子就上去问她为什么哭泣，女子说你有所不知，我是洞庭龙王的女儿，我被嫁到泾河龙王太子家做媳妇，可是三天后泾河龙太子就不理我了，把我扔到这洗衣服，你能不能帮我带一封信给我父王，告诉他女儿在这受苦，能不能把我接回去。柳毅答应了，到洞庭湖边按照约定信号召唤龙王，告知龙王事情原委。龙王不同意，认为嫁鸡随鸡嫁狗随狗，不予相救。但是洞庭龙王的弟弟钱塘江龙王听闻此事，非常恼怒，便带兵打败了泾河龙王，把龙女带回。有感于柳毅恩情，龙女爱上恩人，之后几经波折，两人终于齐眉。在中国，人神是不能结合的，七仙女想嫁董永不行，三圣母想嫁刘彦昌也不行，但这个时候受印度影响就可以了。包括曹冲称象也是，中国没有象，都是印度那边来的。这些对中国文化影响很大。不仅是文化，制糖、造纸、医学、数学、天文这些方面也有影响。在清朝，中国用西方国家的天文知识，而唐朝、宋朝时候的钦天监用的都是印度人，印度世家在中国做官，掌管着中国的天文历法。据载，古代有日本人在中国做官，也有印度人在中国做官的。这些足以说明当时的中印关系多么密切。

（四）中印关系的转型期

转型期是什么呢？转型期很简单，就是精神文明交流向物质文明交流的过渡。唐代之后，佛教在中国扎下根，并不断发展、繁荣，完善了中华文明，同时成为中国自己的宗教。中华文化有一种包容之心、融合之心，到转型期就转到了物质方面。等到马可波罗东游，整个世界又被扩充了，叫世界大贸易时代，大帆船时代。中国跟印度的海上贸易十分频繁，为什么？中国这边的东西要运过去，像陶瓷、丝织品等。提到中国不要只看四大发明，中国有太多东西对世界物质文明作出了巨大贡献，如丝绸、茶叶、瓷器、陶器等，中国还有很多很多贡献。在港口方面，像泉州港、福州港、广州港都是大肆通商的港口。

下面讲低谷期。什么叫低谷期？中华文明的主体——汉文明左右不了自己，印度的主体文明——印度教文明也左右不了自己，二者均被外来文明所左右。像鸦片贸易都不是中国能左右的，是由英印殖民者左右的，清朝无能为力，魏源、康有为、梁启超等一些人均为中印文明的交流作出了贡献。中国共产党第一任书记陈独秀，在 1915 年翻译了印度的作品。实际上历史上有好几个有名的中印翻译家，如玄奘、鸠摩罗什、义净等五人，而从 1915 年开始共产党人就翻译了泰戈尔的四首诗歌，题为《赞歌》。梁漱溟是开启中国现代印度研究的第一人，1916 年北京大学校长蔡元培聘请他讲授印度文化和印度哲学，他当时没有去，请了他的朋友去讲，所以北京大学印度学是中国最早的印度学研究，是由他开始的。这样的人物对中印交流有重要作用。再说说中国茶和印度茶，实际上印度茶很有名，印度人离不开茶，你到任何一个地方，你到哪一个房间印度友人都要让你喝一次茶。印度茶里有牛奶，煮完有牛奶香气，特别好喝。印度茶好但出现很晚，是在 19 世纪末期才出现的，所以在印度，中国茶对它的影响很大。在低谷期中国对印度的影响主要是物质层面，而不是在宗教领域，中国有些仁人志士去关注中印关系，目的是不要让中国被西方完全殖民化。

（五）中印关系的新时期

新时期就很简单了，1950 年 4 月 1 日中印建交，提出了和平共处五项基本原则。实际上当时亚非拉国家从某种角度来说不那么完善，因此需要团结起来提出和平共处五项原则，成为联合国宪章的有效补充。五项基本原则是亚非拉国家的创造，是亚非拉国家交往、外交方面的创造。中国跟印度、跟东南亚国家的外交离不开这个原则，这对中国来说比联合国宪章还要重要，但是它不违反联合国宪章，是在联合国宪章指导下提出的。20 世纪 50 年代中印关系发展很好，但后来出现了不少问题，如达赖喇嘛问题、中印边界问题等。达赖喇嘛问题源于西藏达赖集团的非法欲望和印度的不明智。中印边界问题源于英国引起的麦克马洪线、约翰逊线，与此同时中国跟不丹、印度之间产生了一些小的分歧。中印之间到目前为止从来就没划分过边界，这边界是英国人弄的，麦克马洪是英印殖民政府的外交部长，约翰逊是英国的考古学家。1988 年拉吉夫・甘地访华是一次

“Ice Breaking Visit”，是当代中印关系上的一件大事。不过，2016年莫迪总理访华，有的媒体称之为“Ice Breaking Visit”。我个人认为这种提法欠妥，中印之间不再存在破冰之旅的必要，中印关系的冰在1988年就已经破了，破冰后发现中印之间有很多问题，为什么有很多问题？因为关系比以前近了。很简单，一个男孩喜欢一个女孩，之前看什么都好，谈恋爱后开始吵架，好像是吵架比以前关系还不好了，不是，因为关系好了才吵架。但是中国跟日本吵架则是另外一回事情，因为中国和日本曾经好过，到后来已经到了离婚的边缘，真正是不好了。跟印度则是刚刚开始，问题在于虽然航道通了，但有很多暗礁需要去除，所以不存在“Ice Breaking Visit”，就是一种破除暗礁的外交之行。有人说印度不支持中国“一带一路”倡议，印度从来没说不支持，但是有人说印度也没说支持，没说支持很简单，那就是默认，有时候不要叫人表态，硬要人表态会适得其反。克什米尔问题没解决，中巴经济走廊有一段在巴控克什米尔，印度认为影响了它，所以他不说支持。但印度很聪明，不管是经济政策、外交政策、文化政策都是非常实际的，它一个项目一个项目做，印度专门建了中国工业园区，给华为大片地方、给中兴地方，欢迎中国去搞基础建设，印度铁路欢迎中国去改善，这都是“一带一路”倡议的具体实施，不要老强调表态，这么多项目在印度建设不就是“一带一路”倡议在印度的具体实施？印度也愿意参与孟中印缅经济走廊建设，不也是实施？中印之间是礁石的问题，不是冰的问题，中印关系现在没有冰封，是一块一块礁石如何去除的问题。

对于中印交流，这里要强调几位大家，一位是冰心先生，她翻译的《吉檀迦利》非常好。还有季羡林、金克木、刘安武等几位老先生都是学界研究中印关系绕不开的大家，不管是中印宗教和文化，还是中印关系他们都有论述，印度文学史中不说中印关系，中印关系要到历史里面去找，才能说得透彻，才能让印度人信服，让中国人理解，才能相互认同。

三、中印关系的前景展望

（一）大国理念、小国心态

印度是大国的理念、小国的心态。印度认为自己是大国，要屹立在亚洲南部，是南亚主宰，是宇宙中心。印度人说印度是宇宙中心，是大国，印度文明从公元前 3000 年前后到现在没有中断过，3000 年前印度信仰湿婆今天还信仰湿婆，印度人戴的首饰还是那样纷繁复杂。你跟印度人见面他穿的衣服跟中国人不一样，他一定是民族服装。在中国，穿着夹克保安不让参加总理演讲会，说这是非正装，什么叫正装，他说西服是正装。西服不是中国的，中国的民族服装不是那样的。不过，印度又有着小国的心态。中国历史是不断在被压迫中反抗的历史，而印度是不断被外国侵略征服的历史。公元前 1500 年前后雅利安人进入次大陆，成为印度主流；公元前 6 世纪前后波斯人大流士、居鲁士进入；公元前 4 世纪前后亚历山大西方文明进入；公元前后一二世纪是谁？是贵霜帝国大月氏进入；公元六七世纪是阿拉伯人；公元 10 世纪以后是突厥人；公元 16 世纪以后是蒙古人；公元 17 世纪开始又是西方人。它不断地被侵入被占领，害怕别人随时会咬他一口，所以它心态不正常。到了 20 世纪 50 年代，它认为自己变强了，要做大国，要跟中国做兄弟。但由于种种因素，发生了中印边界冲突。边界冲突以后它被打趴下了，然后心态就变了，以至于中国跟印度提出任何倡议，印度的第一反应就是怀疑，而实际上中国是怀着好意来的，这就是印度的大国理念、小国心态。这很难处理，需要一批人去谈，做工作，实现相互理解。比如中印有经济对接、香料规划、季风规划、铁路规划，对接需要投资和人才，需要基础设施方面的资金和技术。中国为什么比日本牛？日本技术感觉跟中国差不多，但是日本贵，中国便宜。印度害怕，所以就拿日本压中国。印度现在从某种角度讲是世界宠儿，中国该如何面对这一“宠儿”？世界所有国家都喜欢印度——欧盟国家喜欢印度，美国喜欢印度，日本喜欢印度，澳大利亚喜欢印度，都喜欢印度，就不喜欢中国。老二没人喜欢啊，老大肯定不喜欢老二，老二很可能就夺老大的权，老三老四老五老六不愿意跟老二合作，跟老二合作你成了老大我不还是老二老三老四吗，我还不如跟老大合作呢。中国现在在世界上的位置是老二，不容易做，想做老大，老三老四不愿帮，因为老三老四站不起来，他们也成不了老大。但是中国有一些东西，文化是一个对接点，旅游是一个对接点，话题有，项目有，关键是如何去谈。所以，中国跟印度有很多方面可以谈、可以做。经济上还是得靠一个项目一个项目对接。印度政策独立，要显示自己是大国，是南亚地区的强国，要做世界大国，要有世界责任，所以印度不会去做一个反华、遏华联盟的积极成员。中国要有这样的心态、这样的精神、这样的文化理念去跟印度交往，辅之以经济文化交流，中印关系就会好走一点。

（二）中印关系发展有众多合作机制

目前，我个人觉得中印关系从某种角度来说是相对健康的，就目前来说，中印关系有很多合作机制，如金砖机制、二十国集团机制、上合组织机制，当然还有其他一些，像南亚区域合作联盟机制，甚至是环孟加拉湾多领域经济技术合作组织、东盟的 10+ 等等，这些都是中印的合作机制。中印之间有很多东西可以互补，可以相互借鉴，这些都是容易做的工作。再加上中印有很多玩笑可以开，阎王、观音、猴子等，这实际上就是一种润滑剂，中印之间有很多润滑剂可以去利用，利用好这些润滑剂，中印关系会走得更近。大国关系本来不好处理，就像一开始说的，中国跟周边的三组大国关系，中美关系今天还在摩擦，但中美之间真的会打架吗？我不相信。俄罗斯也必须要跟中国在一起，否则克里米亚问题怎么办？但是中印之间有很多问题要解决，因为西方一直在紧紧拉印度，中国需要一批人去做这方面的工作，中印关系，当中国把它当作大国关系来处理时，印度人会感觉到中国是善意的。目前在民生倡议下，中国确实没有不怀好意。对于印度乃至所有国家，中国永远是善意的。

（三）中印关系的未来需要顶层设计

总体来说，从历史角度梳理中印关系，说明中印之间有很多东西可以说。另外还有一个问题，就是中印之间的顶层设计非常重要。习近平总书记在中印问题上处理得很好。中印之间的顶层设计从汉武帝开始，然后唐太宗、武则天、唐高宗，之后还有宋太祖赵匡胤，加上之前的汉明帝，之后的明成祖朱棣等。近现代毛泽东、周恩来也都做了贡献，当代胡锦涛等国家领导人也是如此。顶层设计很重要。2003 年中印确立战略合作伙伴关系，一直到今天发展还算顺利。但是最终要看到一点，大国关系如何处理。跟印度如何交往，印度是大国理念、小国心态，要理解这一点。但只要努力，正确对待，就能做好中印关系这道菜，就能在“一带一路”倡议大旗下，做出好成绩。

西藏文化产业评估及发展对策研究[①]

邓胜利

文化产业是在全球化背景下一种特殊文化形态和特殊经济形态，作为一个具有丰富生命力的朝阳产业，是全球产业结构升级的结果，许多学者将其与信息产业一起称为 21 世纪两大新兴产业。欧美发达国家发展历程和成功经验表明，一个国家国际化程度越高，经济越发达，则这个国家文化生产力越高，文化产业价值对国家经济贡献越大。从世界经济发展角度来看，文化产业发展已经成为各国的新型战略课题，为了在国际文化发展中争取有利地位，许多国家相继发布鼓励文化产业发展的政策[②]。

在日益激烈的国际竞争中，文化产业发展水平高低已经成为一个衡量国家软实力强弱的特征指标，同时它也是衡量国家或地区综合实力的重要参考指标。在许多国家，特别是一些发达国家，文化产业已经成为国民经济的重要支柱产业之一，甚至成为一些国家新的经济增长点。在一些重大国家会议和场合，国家多次明确提出要把推动文化产业发展上升到国家战略高度，并将文化产业政策制定方向、体制改革目标以及国家目标计划具体落实到每一个阶级层面。由此可见发展文化产业的重要性。

无论是从全球不断重视文化产业的发展格局，还是从国家宏观背景和

---

① 本文是武汉大学信息资源研究中心博士生导师邓胜利教授于 2016 年 12 月 27 日在西藏民族大学“藏秦讲堂”（第 11 期）的讲学内容，经邓胜利教授审阅定稿。

② 花建：《全球信息服务业背景下中国文化产业的战略对策》，《学习与探索》2009 年第 2 期。

对西藏的政策支持力度上看，将文化资源转化为文化生产力和文化产业，推进西藏文化产业发展，既可以优化西藏文化产业结构、增加地区就业率、增强地区经济发展的战略选择，又可以繁荣西藏文化市场，不断满足人们日益增长的精神文化需求，提高人民的文化生活质量，推动西藏文化发展大繁荣。

一、研究意义与方法

（一）研究意义

国家推动西藏发展应该是一种全面发展，不仅有经济上的发展，还包括文化建设发展。文化产业既有经济性又有文化性，因此对西藏经济和文化发展有双重影响，尤其是对少数民族较多的西藏来说，文化产业对民族文化发展具有重要意义。因此，调研西藏文化产业发展现状既具有理论意义，又具有实践意义。

随着国家对建设中国特色社会主义文化、增强地区文化软实力以及国家对文化强国战略重视程度的不断提高，全国各地、各地方政府都在大力发展文化产业。目前，国家对文化产业研究更多地关注经济发达地区的文化产业，少数民族地区文化产业研究比东部地区要少。西藏文化产业发展起步较晚，产业结构还不够成熟，对文化产业发展理论研究还有很多要改进的地方。学术界对西藏文化产业理论研究比较侧重于其经济发展，大多从文化产业对经济发展影响上进行分析，比如文化产业对地区经济结构转型的影响、对地区就业率的影响等。而以党对民族文化发展的政策理论为基础，从民族文化视角去探讨西藏文化产业发展对少数民族传统文化保护、民族文化现代化发展等方面影响的研究则比较少。本调研基于新研究视角，为西藏民族文化产业创新发展和提升文化产业质量提供理论指导。

西藏文化产业起步晚，现有评价指标主要是经济指标，如果过分强调和追逐产业经济效益，过度商业化，忽略西藏文化地位和社会作用，将不利于体现文化产业对文化建设的作用，过度注重经济产业更容易流失传统民族文化，也不利于现代民族文化创新，不利于文化产业发展，更无法保证西藏文化产业可持续发展，因此更应该强调文化产业的文化性，本研究突出文化产业对少数民族地区文化发展具有长远影响，对于促进西藏文化建设以及维护民族文化发展生命力具有重要现实意义。

（二）研究方法

本文采用数据调研法，调研从文化资源、公共文化服务、文化产业三大维度出发，7 个分项指标和 36 个具体指标，对西藏文化产业进行评估。基于数据可获得性，本调研选取了 36 个三级指标。数据来源包括《中国文化及相关产业统计年鉴》《中国文化文物统计年鉴》《中国区域经济统计年鉴》《中国城市统计年鉴》《中国人口和就业统计年鉴》等。

二、文化资源现状

（一）文化遗产文物存量

西藏人民在长期发展中创造了特有的文化环境，产生出多种多样的西藏特色文化，大大丰富了我国文化遗产。新中国成立以来，党和政府特别注重西藏的文化保护发展，投入大量人力、物力和财力，利用行政、经济、法律等方式发展西藏文化。截至目前，中央政府已经召开 6 次西藏工作座谈会，进行 3 次大规模文物普查，每次会议都制定了新的方针政策以加强西藏文化遗产保护。

1. 物质文化遗产。目前西藏物质文化遗产包括 3 项世界文化遗产、3 座国家级历史文化名城、2 个历史文化名镇、3 个历史文化名村、1 条历史文化名街，以及 1 座国家一级博物馆。同时，西藏目前共有 4277 处文物点，其中全国重点文物保护单位 55 处。而且目前西藏还有 391 处自治区级文物保护单位，978 处县级文物保护单位[①]。

① 中华人民共和国文化部：《中国文化文物统计年鉴 2015》，国家图书馆出版社，2015 年。

2. 非物质文化遗产。西藏非物质文化遗产承载了西藏记忆，是了解西藏的“活化石”。经过国家、自治区普查、整理、收录，西藏非物质文化遗产以崭新的姿态受到大家关注。目前西藏拥有 89 项国家级非物质文化遗产项目、323 项自治区级非物质文化遗产项目，命名 418 名国家级和自治区级非物质文化遗产继承人，联合国教科文组织已经将藏戏、《格萨尔王》列入人类非物质文化遗产名录。根据国家对非物质文化遗产的分类，西藏三个批次国家级和四个批次自治区级非物质文化遗产数量分布情况如图 1 所示。

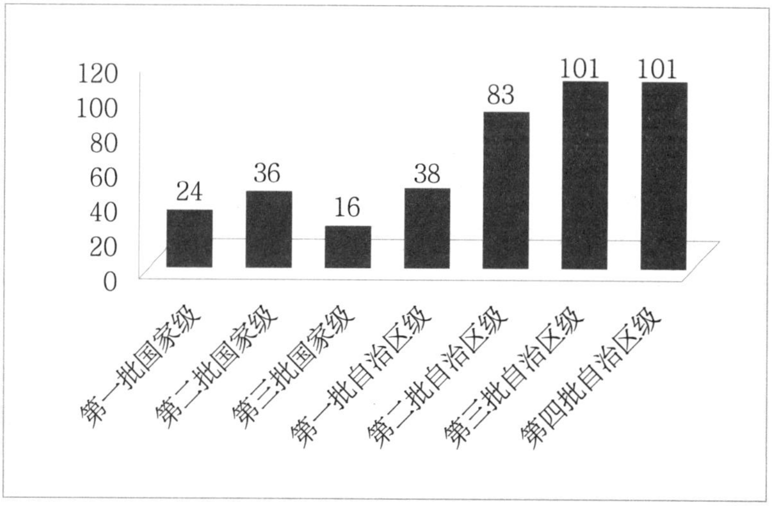

图 1 西藏国家级和自治区级非遗项目在各批次中的分布

（二）品牌文化旅游

西藏是一个多民族聚居的地方，由于其特殊的地理位置与自然环境，滋生出一种特殊的雪域高原中华文化，西藏具有丰富的文化旅游资源，但是也决定了西藏民族文化的多样性和复杂性，西藏生态环境脆弱导致西藏经济发展现状相对落后，但是工业滞后恰好保护了原始文化资源，突出了西藏在发展文化旅游产业过程中的优势。

1. 西藏旅游发展现状。西藏旅游业经过 30 多年发展已经成为经济发展的支柱产业。经调研西藏地区旅游业游客总人数从 2009 年的 561 万人增加到 2014 年的 1553 万人，平均年增长率为 22.6%；旅游总收入由 2009 年的 5 亿多增加到 2014 年的 204 亿元，相对于 2009 年旅游业总收入增加 199 亿元左右，年平均增长率 30%，2014 年西藏全年旅游业收入约占 GDP 的 22%。旅游业整体发展呈现平稳增长态势，相对于庞大的游客数量，西藏星级酒店和旅行社数量相对较少。

2. 西藏文化旅游资源类型。西藏文物局资料显示，西藏目前有国家级文物保护单位 35 个，自治区级文物保护单位 224 个，国家级非物质文化遗产项目 76 项，是国家文化旅游发展重点关注对象。根据西藏文化旅游资源的物质与非物质特征，可以将旅游资源分为物质文化旅游资源和非物质文化旅游资源。西藏物质文化旅游资源可以划分为文物古迹、博物馆和主题公园这三种类型，主要包括文化旅游资源中的宗教建筑、民俗文化博物馆、历史文化主题公园等；非物质文化旅游资源可以分为历史文化活动、艺术活动和社会风情这三种类型，包含的文化旅游资源有宗教节日、艺术展览、饮食文化等。

三、文化产业发展现状

近年来自治区文化产业迅速发展，产业结构及格局产生较大变化，西藏自治区凭借丰富的民族文化资源，文化产业发展逐步突破了单一传统模式，形成独特产业经营模式。但是文化产业发展在规模和产业分布上仍存在问题，包括开发潜力未能充分发挥、文化产业发展不足，产业化程度亟待提升等。这些问题会进一步导致大规模、高效率生产方式形成周期不断延长。不管从艺术水平、生产工艺、技术等角度，抑或成本投入、产业规模等角度，西藏自治区文化产品及服务均远落后于其他省市文化产业发展。

（一）文化市场

1. 文化就业。一个地区文化产业人力资源与该地区文化产业发展情况紧密相关。西藏自治区文化产业兴衰成败与文化产业从业人员数量、质量和行业结构均紧密相关。鉴于西藏文化产业发展的需要，近些年来自治区从事文化产业的人力资源数量亦有所变化，如图 2 所示[①]。

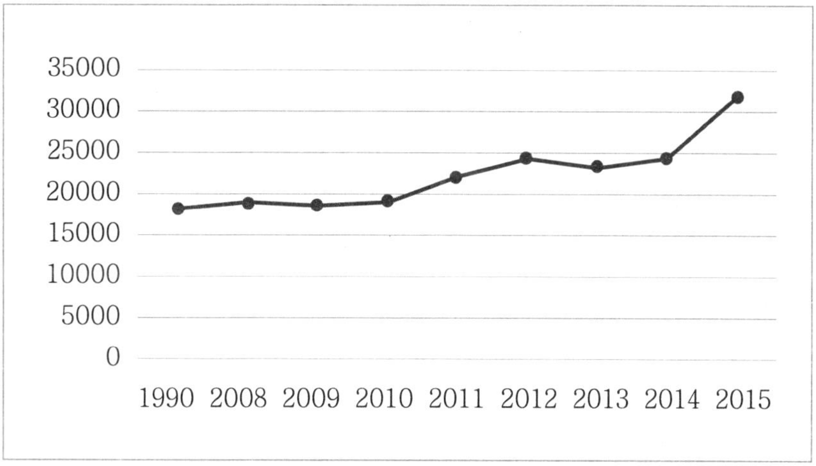

图 2 西藏文化产业从业人员数量趋势

由图 2 分析可知，2012 年西藏文化产业从业人数有较大幅度增加。尽管 2013 年西藏文化产业从业人数有所减少，然而整体依然呈增加趋势。为了更全面地认识西藏文化产业人力资源现状并加以有效分析，本文抽取了北上广浙等文化产业发展走在前列的省市和内蒙古、青海、新疆等文化产业发展相对落后的省市，并比较 2013 年度各省市地区文化产业城镇单位就业人数[②]，具体见表 1。

各省市文化产业城镇单位就业人数（2013 年）

表 1

省市	北京	广东	浙江	上海	西藏	内蒙古	新疆	青海
从业人员（万人）	18.1	10.9	7.2	5.9	0.7	3.5	3.0	0.8

① 国家统计局人口和就业统计司:《中国人口和就业统计年鉴 2015》，中国统计出版社，2015 年。

② 国家统计局社会科技和文化产业统计司：《中国文化及相关产业统计年鉴 2015》，中国统计出版社，2015 年。

由表 1 可知，从文化产业城镇就业人员数量上看，与相对发达地区相比，西藏自治区文化产业人力资源尚存在诸多问题，如总体数量不足、增长速度较为缓慢等。诸如此类问题说明西藏自治区文化产业发展相对落后，且文化产业就业吸纳能力尚未得到充分发挥。

2. 文化潜力。作为特色文化资源大区，西藏自治区文化产业发展与其经济及社会发展、文化遗产保护以及社会稳定密切相关。为进一步推动西藏文化产业大发展大繁荣，西藏自治区政府响应中央文化产业发展政策并结合实际，从自身经济、社会及文化特征出发，制定了一系列政策措施来推动自治区文化产业发展。特别是国家级产业示范园及基地承载着西藏自治区文化产业发展的期望，在中央及地方政府财政扶持以及政策优惠等相关举措下，产生了一批颇具实力及创新能力的文化企业。全国文化及相关产业法人单位数见表 2。

全国和部分地区文化及相关产业法人单位数（2014 年）

表 2　　单位：个

地区	法人单位			
	合计	文化制造业	文化批发和零售业	文化服务业
全国	996208	172619	152836	670753
北京	97886	2398	16786	78702
上海	43079	4321	8995	2963
广东	110945	31257	17212	62476
浙江	95982	33624	15266	47092
新疆	6391	654	871	4866
内蒙古	10393	623	1537	8233
青海	1949	229	217	1503
西藏	798	97	129	572

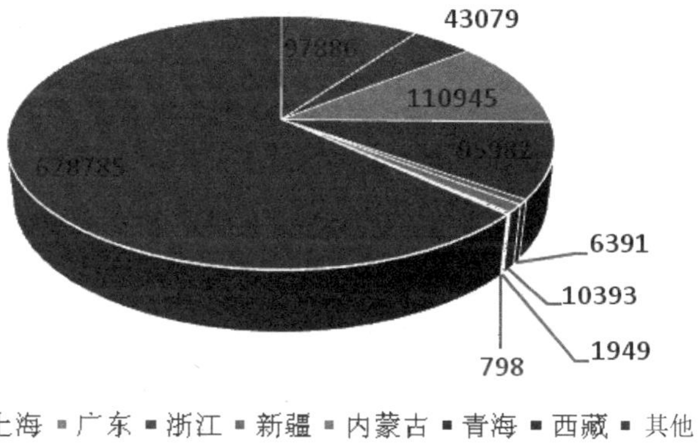

图 3　部分地区文化及相关产业法人单位数（2014 年）

图 3 更直观地反映了各省市及地区间文化及相关产业法人单位数量关系。西藏文化及相关产业法人单位数量不仅远远落后于北上广等一线省市，而且相较于新疆、内蒙古、青海等省份，也难以望其项背。这使得自治区在社保、教育、医疗卫生、科学技术、文化与传媒等多方面投入力度有待进一步加大，很难形成与一线城市在数量和规模上相媲美的文化产业，故而造成吸引人才并留住人才之客观环境难以构建。由于西藏自治区经济能力偏弱，不管是文化产业发展还是产业规模均亟待进一步提升，故而政府与企业多聚焦在建设基础文化设施及改善文化产业硬件条件上[①]。

受地域、历史等多方面因素影响，西藏自治区文化产品和服务科技含量不高。新型人才匮乏使得文化产品自主研发能力及创新能力存在严重不足，品种单一，质量不高，规模不大，水平偏低，档次较低，而且分散化严重，故而尚不能完全满足广大群众日益增长的文化需求。特别是在青藏铁路建成通车之后，现有文化产业产值在国民经济中所占比例偏小，其发展水平尚不能适应西藏自治区旅游服务业高速发展的需求。这表明西藏自

① 肖希明、刘巧园：《国外公共数字文化资源整合研究进展》，《中国图书馆学报》2015 年第 5 期。

治区文化资源还没有得到充分发挥，而且需要进一步加强旅游服务业的文化内涵。

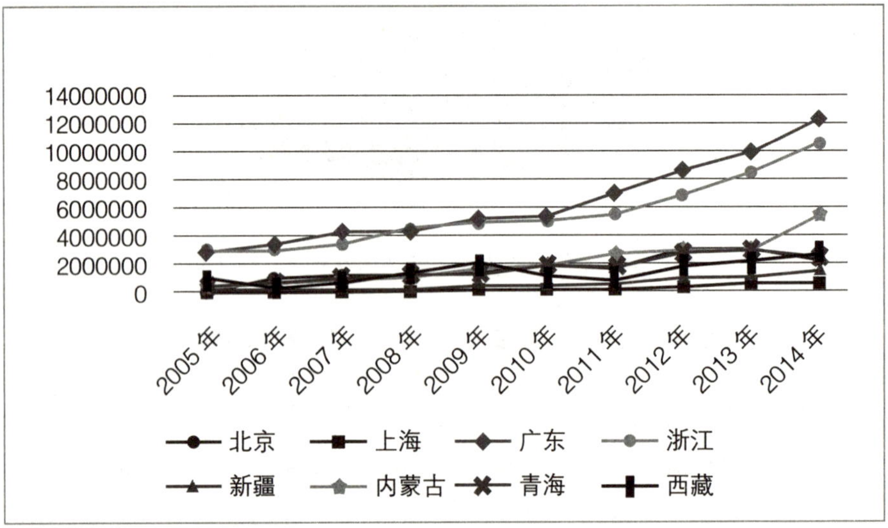

图4　部分地区文化及相关产业固定资产投资情况

由图4可知，虽然西藏文化产业发展起步较晚，但呈现稳步增长趋势，特别是近几年，增长迅速。由于青藏铁路建成通车，西藏社会经济加速发展，这几年以来，西藏自治区广大群众文化需求呈几何级数增长，这为加快西藏自治区文化产业发展带来了难能可贵的历史机遇，有力推动了文化产业快速兴起。

（二）文化科技

1. 文化创新。首先是国家级文化产业示范园（试验）区数量。截至2014年底，西藏自治区共有国家级文化产业示范基地2个，试验园区1个。命名9个自治区级文化产业示范基地，国家和自治区级示范基地增至17个。2个项目列入文化部弘扬社会主义核心价值观动漫扶持计划。举办第四届唐卡艺术博览会，组织19个文化企业，先后参加西部文化产业博览会和北京国际文化创意产业博览会，18个项目列入国家重点扶持计划，其中5个项目列入2014年度国家特色文化产业重点项目。其次是国家级和省市级科技进步奖中涉及文化创新的获奖数量逐年增多。2012年，西藏新闻出版业蓬勃发展，呈现良好态势，新闻工作者锐意进取、奋发图强、努力拼搏，荣获国家级奖项13项。

2. 文化投入。首先是投入增幅较大。2014年文化事业经费财政总投入44.5亿元，文化经费投入占财政支出比重逐年提高。从文化资金投入看，2014年西藏文化事业费7.24亿元，其中：政府拨款7.21亿元，占西藏文化事业费的99.58%，事业收入172万元，其他收入94万元，以此能够得出自治区文化投入基本上依赖国家。

2011—2014年文化经费投入占财政支出情况

表3

年份	财政支出（亿元）	文化事业费（亿元）	占财政支出（%）
2011年	776	3.04	0.39
2012年	934	4.35	0.47
2013年	1033	4.45	0.43
2014年	1185	7.24	0.60

从表3可以发现，西藏自治区近年来对文化事业投入比重偏低，自2008年以来，文化事业费占财政支出比重位次一直处于下游。结合西藏自治区实际情况，应着重关注建设文化设施、保护文化遗产、发展公共文化等系列文化建设项目工程，从而促进西藏传统文化有效继承、保护和弘扬，促进现代文化事业不断繁荣、进步和发展[①]。

① 中华人民共和国文化部：《中国文化文物统计年鉴2015》，国家图书馆出版社，2015年。

按年份各地区文化事业费占财政支出比重

表 4　　　　单位：%

地区	2000 年		2005 年		2008 年		2009 年		2010 年		2012 年		2013 年		2014 年	
	比重	位次	比重	位次	比重	位次	比重	位次	比重	位次	比重	位次	比重	位次	比重	位次
北京	0.54	14	0.61	4	0.76	2	0.60	4	0.60	2	0.62	4	0.59	4	0.55	3
上海	0.68	5	0.48	9	0.52	10	0.62	3	0.56	4	0.69	2	0.65	2	0.68	2
广东	0.55	11	0.55	7	0.54	8	0.52	10	0.50	8	0.52	5	0.5	6	0.49	6
浙江	0.82	2	0.87	1	0.86	1	0.79	1	0.75	1	0.86	1	0.76	1	0.73	1
新疆	0.51	18	0.47	11	0.44	14	0.45	13	0.42	13	0.46	12	0.45	12	0.45	13
内蒙古	0.59	8	0.44	15	0.45	13	0.47	11	0.50	7	0.47	10	0.47	9	0.49	7
青海	0.55	11	0.43	17	0.41	20	0.53	9	0.55	5	0.44	14	0.41	16	0.47	9
西藏	0.71	3	0.43	16	0.29	30	0.27	31	0.38	20	0.30	27	0.32	23	0.43	16

公共文化服务不断提升。公共图书馆服务能力进一步提高。2014 年自治区有 78 个公共图书馆，从业人员 113 人。藏书总量 125.2 万册，较上年增加 56.7 万册，增长 54.7%，人均拥有公共图书馆书籍 0.41 册。当年人均购买报刊种类 3.247 种，读者总流通人次 16.6 万人次，人均图书购置经费 0.46 元。为 38 个县配置流动图书车。

2011—2014 年公共图书馆事业情况

表 5

年份	机构数	总藏书量（万册）	人均购书费（元）	新购图书（册）	人均图书藏量
2011 年	4	56.5	0.4	22697	0.18
2012 年	77	68.5	0.4	50707	0.23
2013 年	78	100.0	0.4	42649	0.33
2014 年	78	125.2	0.4	46075	0.41

（三）文化消费

西藏自治区全区生产总值逐年上升，经济呈现稳定发展态势，人均GDP也逐年增长，广大人民群众生活水平得到大幅度提升。马斯洛需求理论指出，在满足基本生存层面和物质层面需求后，人们的精神层面需求将提升。为适应人们逐渐发展的精神文化需求，发展文化产业相时而动。2015年西藏人均GDP为32322.15元，折合5189.48美元，在某地区人均收入超过1000美元后，根据发展经济学研究结论，居民文化消费将得到较快发展，个人消费总支出占18%，说明文化消费需求在不断增长，值得注意的是，它会随着人均国内生产总值与国内生产总值增加不断扩大。西藏人民日益增长的文化消费需求必然促进区内不断增加文化供给，而增加文化产品供给、满足文化消费的有效条件之一便是发展文化产业。伴随着西藏自治区物质文化生活水平的显著提升，人们对于精神文化生活的追求更加迫切，对于发展文化产业的要求愈加强烈。进行文化建设与分享文化建设成果是提升文化产业发展的有力途径。

2015年西藏自治区及各地市GDP和人均GDP排行

表6

2015年GDP排名	地级市	2014年GDP（亿元）	2015年GDP（亿元）	2013年常住人口（万）	人均GDP（元）	人均GDP（美元）	人均GDP排名
1	拉萨市	347.45	389.46	55.94	69621.02	11177.99	1
5	林芝市	92.86	105	20.33	51647.81	8292.31	2
7	阿里地区	32.4	37.4	9.55	39162.30	6287.70	3
4	山南市	101.13	115	37	31081.08	4990.22	4
2	日喀则市	146.4	168	72	23333.33	3746.28	5
6	那曲地区	81.99	95.9	46.24	20739.62	3329.85	6
3	昌都市	128.1	136	73	18630.14	2991.16	7
	自治区	920.85	1026.39	317.55	32322.15	5189.48	

收入增多，基本生活条件极大改善，西藏人民物质文化生活需求得到极大满足，城镇居民家庭平均每人全年教育、文化娱乐消费支出如图 5 所示[①]。在文化消费中，无论是教育、文化娱乐用品，还是文化娱乐服务，呈现逐年上升趋势，尤其是文化消费中的教育增幅尤为明显。经济快速发展，带动西藏文化产业同步成长。2015 年，西藏文化产业产值突破 30 亿元，实现质的飞跃。在“十三五”末，西藏文化产业产值将达到三四百亿元。

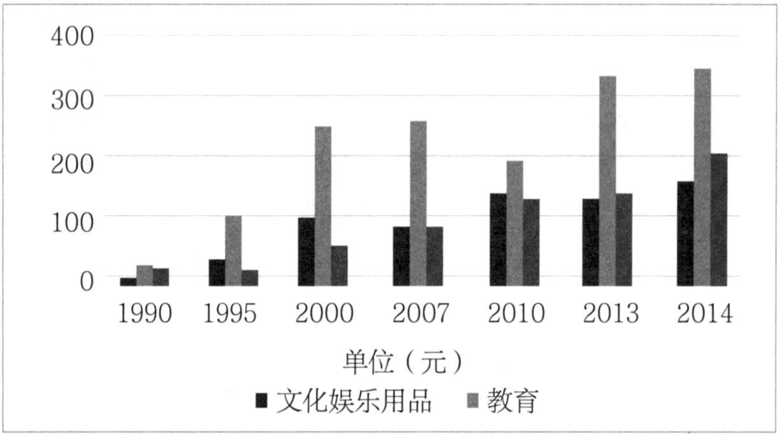

图 5　西藏城镇居民人均文化消费支出

基本需求与多样化需求是构成精神文化需求的两种类型。基本需求和多样化需求具备相异性，要采取不同文化资源配置方式[②]。面对两种类型的精神文化需求，人民精神文化需求可通过以下两种方式满足：首先，发展公益性文化事业来满足人民的基本精神文化需求；其次，发展文化产业来满足人民多样化的精神文化需求。

① 国家统计局国民经济综合统计司：《中国区域经济统计年鉴 2015》，中国统计出版社，2015 年。

② 胡昌平、漆贤君、邓胜利：《创新型国家的信息服务体制与信息保障体系构建（1）——我国科技与产业创新信息需求分析》，《图书情报工作》2010 年第 6 期。

（四）文化财政

在国家层面，西藏文化事业发展历来受到党中央、国务院的高度重视，不管是在政策还是项目、资金、人才等方面都对西藏自治区文化建设给予多方位支持，援藏方式也逐渐丰富，最初的干部支援现已发展成干部支援结合经济、技术与人才支援。与此同时，为加速西藏经济与社会发展，通过招商引资洽谈会等形式，引导内地企业与科技人才入藏投资开发。此外，还多次组织专家学者到西藏实地考察并指导工作，为当地经济社会发展出谋划策的同时，传授科技知识并帮助编制城镇建设规划与旅游产业发展规划。

民族文化本身就是一种巨大财富，它既是西藏自治区最具竞争力的发展领域之一，又可以提供给大众丰富的文化营养，文化优势能够转化成地缘及经济优势，更是一种可持续发展手段。西藏自治区下辖的 5 个地级市、2 个地区也充分利用各地区优势，合理布局，保护和发展西藏少数民族传统文化，发展文化产业。2014 年，西藏各地市国有经济第三产业固定资产投资额如图 6 所示[①]。从中可以看出，投资额度较以前已有明显增长，我们应充分利用这些资金去升级改造现有产业，做好实地调研，避免重复投资、过度开发等现象，把资源用在实处，切实为西藏地区文化产业发展提供可靠的资金支持。

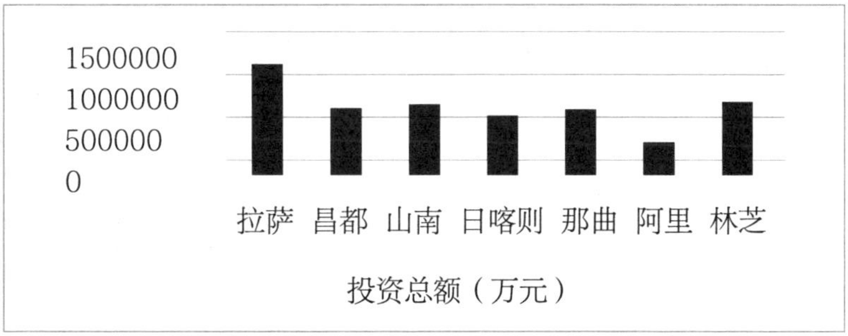

图 6　西藏自治区各地市国有经济第三产业固定资产投资额

① 国家统计局城市社会经济调查司：《中国城市统计年鉴 2015》，中国统计出版社，2015 年。

（五）区位优势

曾长期以单一农牧经济为主的西藏自治区，近年来不断扶持产业升级改造，产业结构更趋合理，结合培育特色优势战略支撑，特色优势产业如藏医药业、绿色食饮品、民族手工业等异军突起，据统计，2014 年比 1965 年西藏第二、三产业分别提升了 29.8、31.2 个百分点。国有经济按年份第三产业固定资产投资如图 7 所示。西藏自治区第三产业蓬勃发展，且年投资总额呈逐年递增趋势，政府应当充分把握当下这一历史机遇，合理规划产业布局，优化产业链，真正使文化产业这一优势产业能够充分发挥效能，为西藏整体产业升级提供动能。

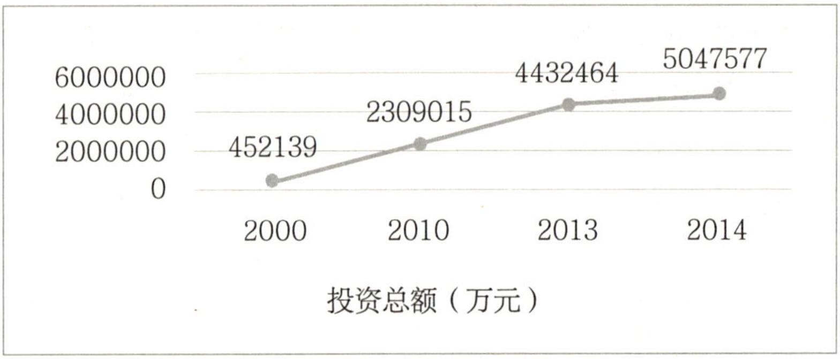

图 7　西藏自治区国有经济按年份第三产业固定资产投资

近些年来，西藏自治区开启经济发展新思路，积极调结构、转方式，全力以赴打造支撑产业（如优势矿产业、天然饮用水等），从而重点发挥特色优势，迅速发展围绕高原特色产业的现代工业，2014 年工业增加值达到 66.16 亿元，其中包含 48.87 亿元规模以上工业增加值，所占比重为 74%。其中文教、工美、体育和娱乐用品工业总产值如图 8 所示，文化产业发展从 2007 年开始发力，2010 年得到迅猛提升，2014 年增长率达 54.28%。

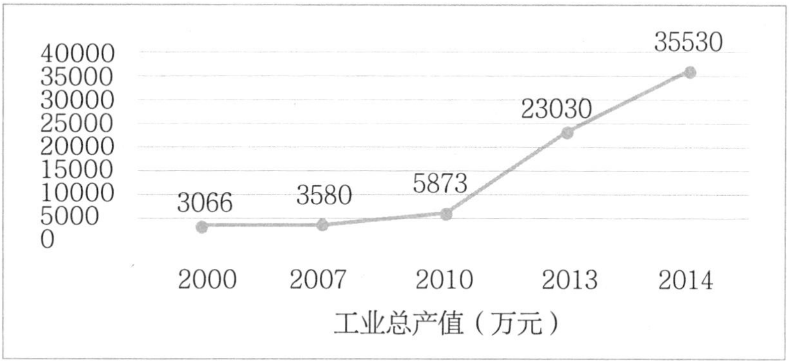

图 8　西藏自治区文教、工美、体育和娱乐用品工业总产值

根据《中共西藏自治区委员会西藏自治区人民政府关于推动文化大发展大繁荣的决定》，截至 2015 年，西藏自治区要建立健全各级公共文化服务体系，要达到 95% 以上的广播电视人口综合覆盖率，要将人均图书报刊拥有量上升至全国平均水平，要显著提升公共文化服务能力，要力争将文化产业占西藏生产总值比重上升至 3% 以上。据此，西藏自治区公共文化服务能力将在 2020 年趋近全国平均水平，且文化产业将成为西藏自治区的支柱产业。西藏自治区政府文化事业部门数如图 9 所示。从图中可以看出，西藏文化事业部门得到较快发展，特别是 2012 年以来，更是得到迅猛发展，2013 年较 2012 年文化事业部门数年增长率达到 92.89%，2014 年较 2013 年文化事业部门数年增长率达到 20.84%。

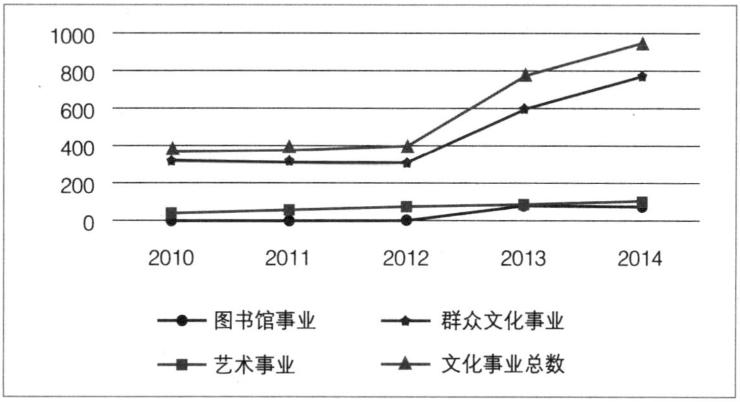

图 9　西藏自治区文化事业部门机构数

自治区各级财政部门要从构建公共文化服务体系、大力扶持文化产业发展、推进文化体制改革三个方面进一步加强支持力度，促进西藏自治区文化大发展大繁荣。西藏财政部门将为促进文化大发展大繁荣提供可靠财力保障与政策支撑：首先是落实暂缓征收文化事业建设费、免征企业所得税等税收优惠政策，通过税式支出减轻文化企业负担；其次是优先扶持竞争力强、成长性好的骨干文化企业；再次是通过采取补充国有资本金、贷款贴息、以奖代补、项目补助等手段来加强支持文化产业园区与示范基地建设力度，降低文化产业分散度；最后是投资设立文化产业投资引导资金①。

四、西藏文化产业发展存在的问题和对策

（一）西藏文化产业发展存在的问题

通过前文调研发现，近年来，尽管西藏文化产业持续发展，呈现出较好发展态势。但整体而言，西藏文化产业起步相对较晚，基础较为薄弱，还处于探索阶段，且自身发展机制初步形成，与市场需求仍有较大差距。同时西藏文化资源优势没有得到充分发挥，群众文化生活分布不均。目前西藏文化产业主要存在以下几个方面的问题：

1. 文化产业整体实力薄弱。西藏文化生产经营项目较少，文化活动规模较小，产业运行分散且处于较低档次。同时，文化产品技术含量和文化产业创新能力欠缺，文化品种单调，产品质量不高，无法满足群众日益增长的文化消费需求。尤其是青藏铁路通车后，旅游业虽然快速增长，但其产值在国民经济中所占比重不高，尚未完全发挥西藏文化资源优势，因此需要进一步加强旅游业的文化内涵。

2. 文化产业配套设施建设投入不足。西藏自治区政府对文化产业重视

① 廖冶寅、陈爱东：《促进西藏文化产业大发展的财税政策研究》，《西藏民族学院学报》2012年第1期。

程度不高，文化产业支出比较有限，虽然近几年投资逐渐增加，但由于西藏经济较落后、财政相对困难，同时也存在部分历史遗留问题，公共文化事业发展缓慢，导致新兴文化产业，尤其是以信息化、数字化为核心的产业受到很大限制，文化产业配套设施建设不足。

3. 产业化程度低。西藏地区对文化产业重视程度不高，无法保障文化产业地位，主要是由于计划经济长期影响和束缚，导致文化产品概念模糊以及对文化产品双重属性认识不足。且由于对文化产业重视程度不高，缺乏核心市场竞争力，导致文化生产经营项目规模不大，文化活动也始终处于分散化状态，难以取得良好效果。

4. 文化产业融资难。西藏自治区文化产业发展受困于事业单位编制，导致长期以来缺乏发展文化产业的意识和能力。而且西藏文化产业融资困难，一方面是由于认识问题，文化产业发展滞后；另一方面是由于文化产业制定政策不完善，无法融入文化和资本市场，导致文化企业生存困难，而文化产业发展更为缓慢。

（二）进一步发展西藏文化产业对策

1. 健全管理机构机制。西藏文化体制需要进一步改革，成立文化产业领导小组，以便于提升西藏文化产业宏观指导能力，在各地建立文化产业专门管理部门，保证各地市广播电视、新闻出版部门拥有文化产业管理科。逐步构建完善行业进入和退出机制，以此来促使各文化产业单位守法经营，保证产业间公平竞争。自治区及各地市需要定期组织文化资源普查工作，逐步建立完善的文化资源数据库，从而获得实时文化产业统计数据及文化产业整体统计指标，并以此检测和评价各地文化产业运行状况[①]。

2. 建设文化人才培训基地。西藏文化产业发展需要更多专业人才，一方面需要建设自身文化产业培训基地，为文化产业建设输送核心人才，如技术型人才、创新型人才和经营管理型的优质人才，另一方面积极吸纳自

① 储节旺：《文化产业信息保障体系研究》，《情报理论与实践》2013 年第 2 期。

治区外文化产业优秀人才到西藏从事文化工作，并制定合理引进政策。为在西藏文化产业投资者提供良好待遇，如在户口、医疗卫生、税收等方面享受与当地居民同等待遇，适当加强对文化产业投资者的福利待遇。

3. 加强文化市场监管。加强文化市场管理，提高政府对文化产业管理强度，保证文化企业依法经营。进一步强化对文化市场非法行为的惩处力度，严厉打击境外敌对势力对自治区文化产业的破坏，特别是达赖集团对文化产业的渗透破坏。通过民主协商与政府制定的原则，实现政府、企业共同构建有效文化行业发展制度，共同打造文化产业自律发展、文化行业制度明确、文化市场诚信竞争良好环境。

4. 确保西藏文化安全。西藏文化产业繁荣发展的前提是健全的制度体系、良好的社会环境和文化的安全保障。西藏文化安全建设，一方面需要政府引导，并制定合理的文化规范，另一方面需要自治区文化产业具有良好抵御威胁的能力，以此构建稳定的西藏文化社会[①]。同时，应用社会主义先进思想解决舆论负面影响，提升自治区思想建设。扩大自治区文化特色活动，在与外界交流中提升文化视野，巩固特色文化建设，增加西藏文化传播途径。

① 邓胜利、周婷：《面向战略性新兴产业的信息服务与保障研究》，《情报理论与实践》2012年第7期。

图书在版编目(CIP)数据

藏秦讲堂．2016 / 刘凯主编．—北京：中国藏学出版社，2019. 2
ISBN 978-7-5211-0140-9

Ⅰ．①藏…　Ⅱ．①刘…　Ⅲ．①区域经济发展－西藏－文集 ②社会发展－西藏－文集
Ⅳ．① F127.75-53

中国版本图书馆 CIP 数据核字（2019）第 023723 号

藏秦讲堂 2016　　主编 刘凯　副主编 陈敦山

出版发行	中国藏学出版社
印　　刷	廊坊市佳艺印务有限公司
版　　次	2019 年 3 月第 1 版第 1 次印刷
开　　本	787 毫米 ×1092 毫米　1/16
印　　张	13.25
字　　数	197 千字
定　　价	39.00 元
书　　号	ISBN 978-7-5211-0140-9/ F・44

图书如有印装质量问题　请与本社发行部联系
E-mail: dfhw64892902@126.com 电话: 010-64892902